5만가지 생각 5가지 정리법

5만가지 생각 5가지 정리법

펴 냄 2011년 1월 15일 1판 1쇄 박음 | 2011년 1월 20일 1판 1쇄 펴냄

지은이 오쿠무라 류이치(奧村隆一)

옮긴이 황선희

펴낸이 김철종

펴낸곳 (주)한언

　　　　등록번호 제1-128호 | 등록일자 1983. 9. 30

주 소 서울시 마포구 신수동 63-14 구 프라자 6층(우 121-854)

　　　　전화. 02)701-6616(대) | 팩스. 02)701-4449

책임편집 배상현·조영갑

디자인 정현영·양미정·백은미·하현지·김문정

홈페이지 www.haneon.com

이메일 haneon@haneon.com

· 이 책의 무단전재 및 복제를 금합니다.

· 잘못 만들어진 책은 구입하신 서점에서 바꾸어 드립니다.

ISBN 978-89-5596-607-7 13300

5만가지 생각

HOW TO ORGANIZE YOUR THOUGHTS WORKBOOK

5가지 정리법

오쿠무라 류이치(奧村隆一) 지음 | 황선희 옮김

도표 다섯 가지만 그리면
모든 일이 풀린다!

전작 《생각을 명쾌하게 정리하는 기술 31》에서는 도표 다섯 가지로 복잡한 머릿속을 말끔하게 정리하는 기술을 소개했다. 이 기술은 기획서를 작성하거나 일이 막혔을 때, 자기 의견을 말할 때 등 비즈니스 과정에서 유용하게 쓸 수 있다. 이 책이 일본에서 출간되어 11쇄까지 찍을 수 있었던 것도 바로 '유용함' 때문이었다.

그러나 이런 목소리도 들렸다. "책을 읽을 때는 다섯 가지 도표로 생각을 정리하면 된다고 이해할 수 있었지만, 막상 실무에 적용해 쓰려니 어려웠습니다."

도표 정리 기술을 확실히 익히려면 실제로 도표를 그려보는 것이 가장 좋다. 그래서 이번 책은 연습 문제를 풀면서 자연스럽게 익힐 수 있도록 '문제집'처럼 만들었다.

도표를 그리기 전에 필요한 항목을 쓰는 순서, 도표를 고르는 법, 도표 읽는 방법 등 도표를 그리는 전반적인 기술을 설명하고 있어 전작을 읽은 사람은

물론, 이 책부터 읽는 사람도 쉽게 따라할 수 있다.

Case Study는 업무 중 누구나 겪을 만한 소재로 꾸몄고, 일문일답은 중요한 부분을 다시 한 번 확인할 수 있도록 만들었다. 연습 문제를 적극적으로 풀고, 도표 정리 기술을 완벽하게 익혀서 일 잘하는 직장인이 되길 바란다.

또한 2장부터 색깔이 글자가 나오는데, 이것은 도표의 같은 색깔의 부분에 해당한다는 것을 미리 밝혀둔다.

2009년 10월 오쿠무라 류이치(奧村隆一)

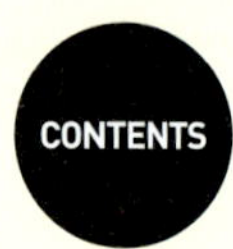

도표로 머릿속을 정리하자!

'상황파악 도식' 연습 문제

한 단계 높은 수준의 연습 문제

이 책에서는 당신이 처한 상황에 따라 사용할 수 있는 다섯 가지 도표와, 이를 활용해서 만든 두 가지 도식을 소개한다. 도표를 작성하는 이유를 생각해 보고, 적절하게 써보자. 당신에게 필요한 도표는 어떤 것인가?

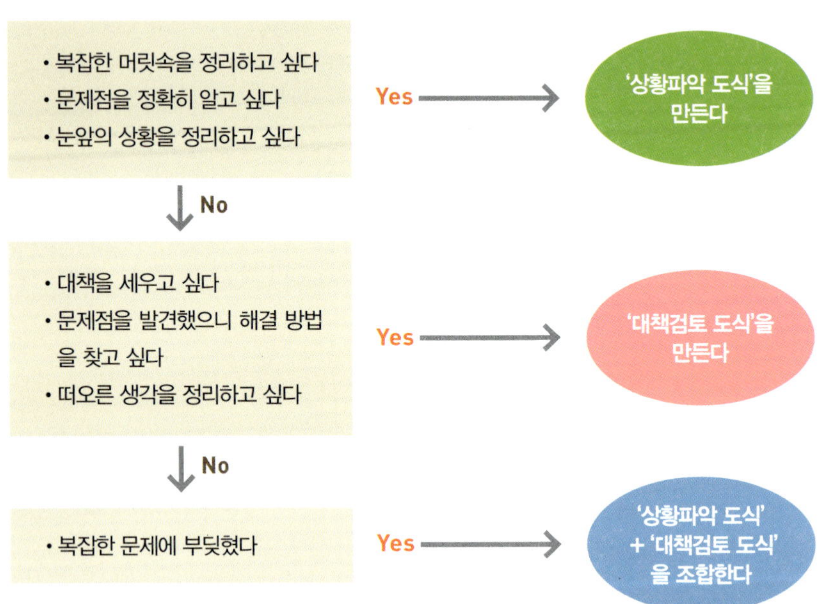

아래 다섯 가지 도표만 사용하면 모든 문제가 해결된다!

트리 도표	벤다이어그램	매트릭스	점 그래프	플로 도표

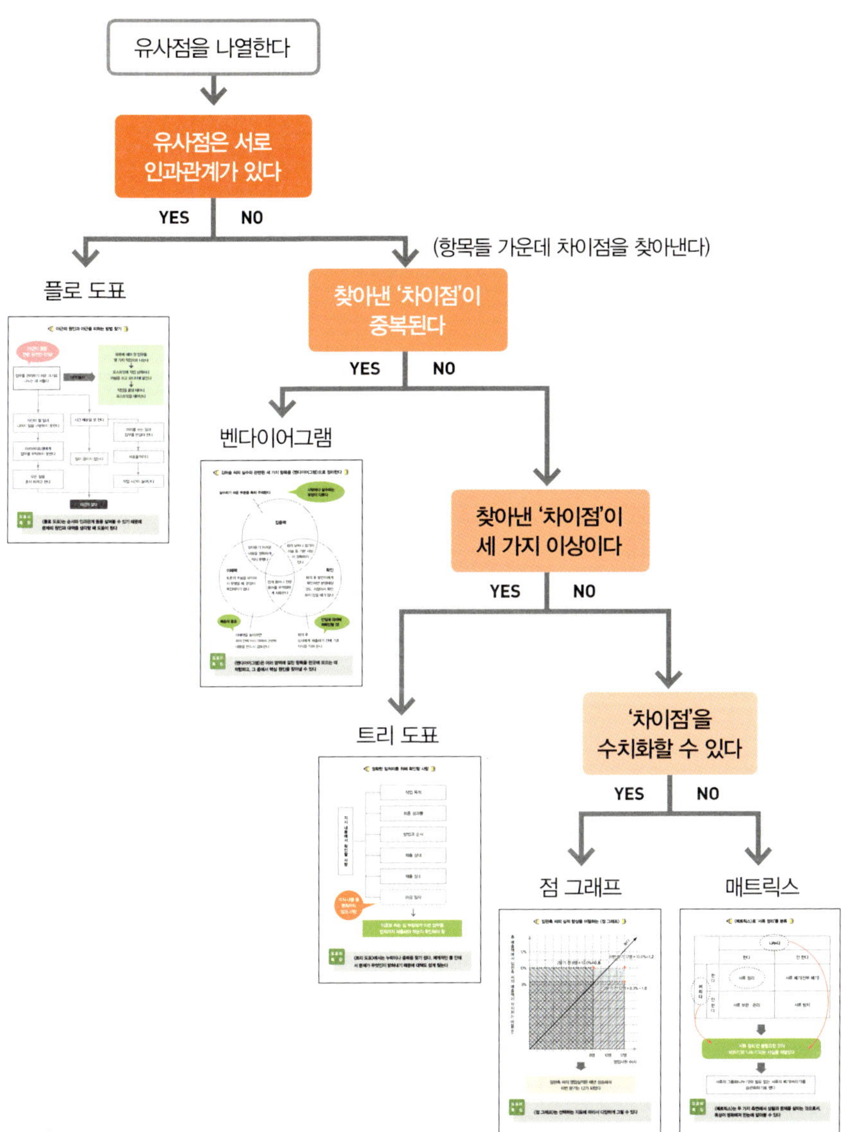
유사점을 나열한다

유사점은 서로
인과관계가 있다

YES　　　NO

(항목들 가운데 차이점을 찾아낸다)

플로 도표

찾아낸 '차이점'이
중복된다

YES　　　NO

벤다이어그램

찾아낸 '차이점'이
세 가지 이상이다

YES　　　NO

트리 도표

'차이점'을
수치화할 수 있다

YES　　　NO

점 그래프　　　매트릭스

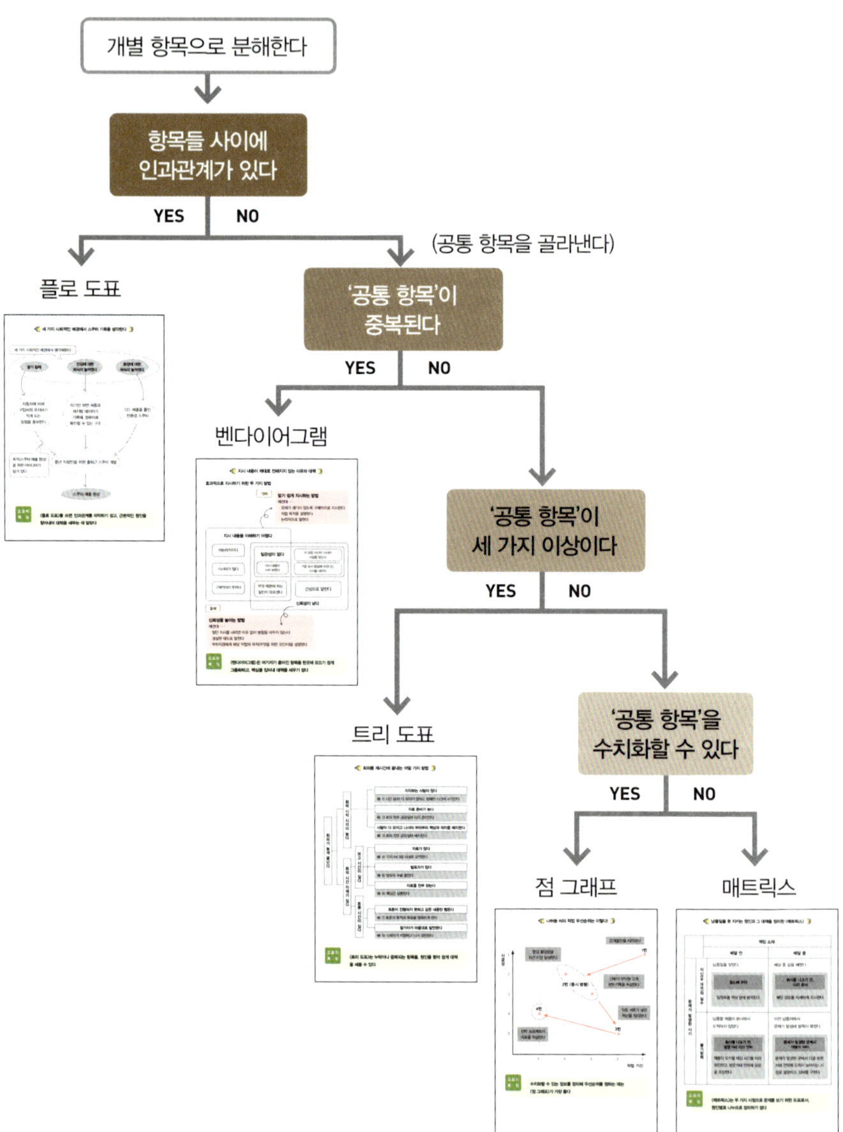
개별 항목으로 분해한다
항목들 사이에 인과관계가 있다
YES
NO
(공통 항목을 골라낸다)
플로 도표
'공통 항목'이 중복된다
YES
NO
벤다이어그램
'공통 항목'이 세 가지 이상이다
YES
NO
트리 도표
'공통 항목'을 수치화할 수 있다
YES
NO
점 그래프
매트릭스

도표로 머릿속을 정리하자!

도표는 '상황파악'과 '대책검토' 상황에 따라 나누어 쓰는 것이 좋다. 먼저 도표의 특성과 각 도표를 그리는 방법을 알아보자.

〈도표〉는 쓸데가 없다?

〈도표〉란 문장이나 단어가 쓰인 원, 사각형 등을 선으로 연결해서 그림, 표 형식으로 나타낸 것이다. 도표의 종류에는 **〈트리 도표〉**, **〈벤다이어그램〉**, **〈매트릭스〉** 등이 있다. 직장인이라면 〈도표〉를 한 번도 보지 않은 사람은 없을 것이다. 학창 시절이나 일을 하면서 한 번은 그려봤을 테니 말이다.

'〈도표〉가 뭔지는 알지만 일하는 데 무슨 도움이 되겠어?' 라고 의심하는 사람에게 이 책은 읽을 가치가 충분하다. 〈도표〉의 특성과 쓰임새를 알고 능숙하게 활용하면, 일처리 속도가 훨씬 빨라지고 성과도 올릴 수 있기 때문이다.

〈도표〉는 문자보다 오래되었다

일상생활에서 우리는 모국어로 말하고 글을 쓴다. 모국어를 쓰는 방법과 말하는 방법은 어릴 때부터 부모님을 통해 혹은 학교에서 배웠다. 그러나 〈도표〉를

- 〈도표〉는 직감적으로 전체를 이해할 수 있게 한다

- 〈도표〉는 포괄적이어서 깊이 이해할 수 있고, 한 가지 〈도표〉에서 다양한 의미를 읽어낼 수 있다

문장

정의가 명확하고
규칙(문법)이 있어서 내용을
착각할 가능성이 낮다

도표

기호는 여러 의미를 지닌다
예를 들어 'A → B'는, 'A에 의해
B가 발생했다' 혹은 'A 다음에 B가 온다',
'A가 B로 변했다' 는 식으로 다양하게 해
석할 수 있다

〈도표〉는 우뇌를 자극하고, 창의력을 끌어낸다

그리는 방법과 읽는 방법을 체계적으로 배운 경험은 없을 것이다.

넓은 의미에서 도표는 깊은 생각, 순간적인 아이디어, 느낌 등을 간단한 그림으로 표현한 것이라 할 수 있다. 그렇게 본다면 문자가 없던 오랜 옛날부터 사람들은 〈도표〉를 사용해 왔다고 해도 틀린 말은 아니다.

하지만 현대인들은 〈도표〉의 특성과 쓰임새를 제대로 알지 못해 소홀히 여기는 경향이 있다. 구슬이 서 말이라도 꿰어야 보배다. 지금부터 도표에 대해서 알아보자.

〈도표〉 사용법에는 두 가지가 있다

〈도표〉를 업무에 어떻게 활용할까? 크게 두 가지 사용법이 있다.

바로 창의적인 사고와 논리적인 사고가 필요할 때다.

예컨대 영국의 심리학자 토니 부잔(Tony Buzan)이 창시한 '마인드맵(Mind Map)'은 '창의력'을 키우는 효과가 있다. 이는 마인드맵뿐 아니라 모든 〈도표〉에 공통으로 해당하는 특성이다.

〈도표〉는 문장보다 창의적인 사고력과 생각을 끌어내는 데 적합하다.

그렇다고 논리적인 사고가 필요한 일에 도표가 어울리지 않는다는 뜻은 아니다. 오히려 문장이 놓치기 쉬운 논리적 모순이나 비약을 한눈에 알아보는 데도 효과적이다.

이처럼 〈도표〉는 문장과 다르다. 일을 잘하는 사람은 도표의 장점을 살려 업무에 활용한다.

<도표>의 특성

• 귀납적 사고와 인과관계를 확인하기 쉽다

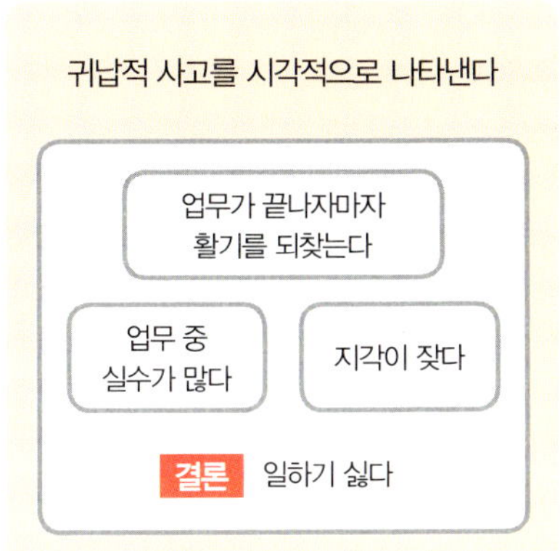

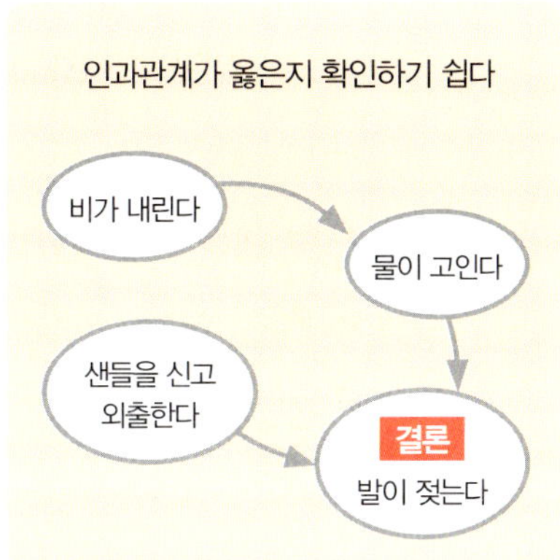

• 연역적 사고(삼단논법 등)와 논리적 모순을 확인하기 쉽다

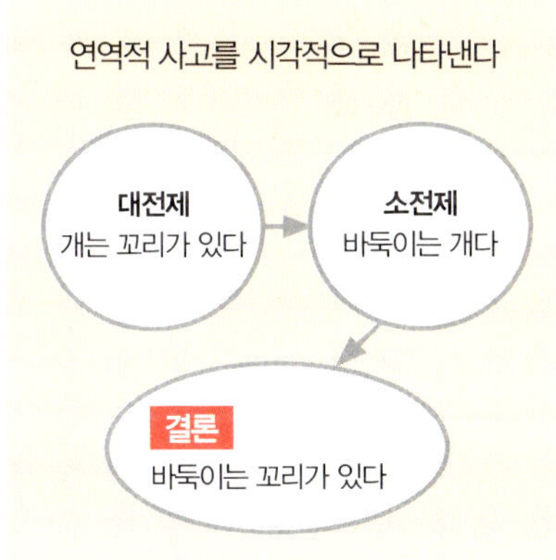

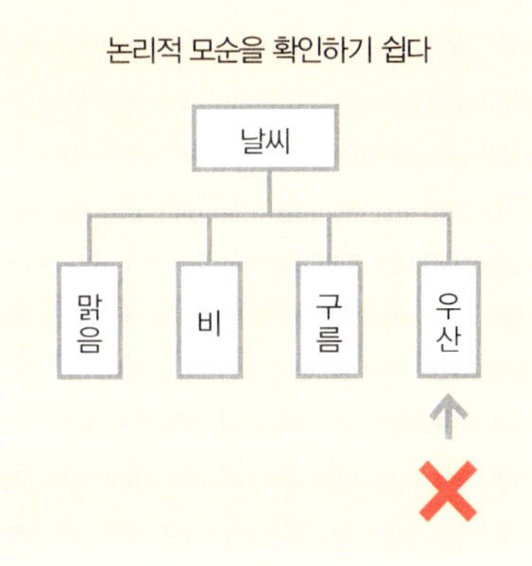

<도표>는 좌뇌를 자극해 논리력을 끌어낸다

〈도표〉가 머릿속을 정리하는 데 도움이 되는 이유는 뭘까?

자신의 생각을 그림으로 표현할 수 있는 사람은 현재 처한 상황과 과제를 구조적이고 체계적으로 파악한다. 복잡한 말이 아니라 간단한 그림으로 설명하는 것은, 머릿속이 정리되어 있다는 증거다. 따라서 일 처리가 빠르고, 어려운 일도 거뜬히 해결한다.

머릿속이 복잡하게 엉켜 있다고 해서 〈도표〉를 못 그린다는 말은 아니다. 〈도표〉를 그리는 과정을 통해 머릿속이 말끔하게 정리되기 때문이다. 늘 머릿속에 여러 생각이 복잡하게 엉켜 있고, 그 생각을 정리하는 데 서툰 사람일수록 〈도표〉로 생각하는 습관이 꼭 필요하다.

다섯 가지 〈도표〉로 업무 중 부딪히는 문제를 모두 해결할 수 있다

〈도표〉로 생각을 정리하면 일이 쉬워진다고 하지만, 종류도 많고 제대로 활용하기는 어렵지 않을까 걱정하는 사람도 있을 것이다. 그러나 걱정할 필요는 없다. 이 책에서는 누구나 잘 아는 '〈트리(tree) 도표〉, 〈벤다이어그램(venn-diagram)〉, 〈매트릭스(matrix)〉, 〈점 그래프〉, 〈플로(flow) 도표〉' 다섯 가지만 사용한다.

업무 현장에서는 사소한 문제부터 중대한 사안까지 다양한 문제가 발생한다. 그러나 대부분 다섯 가지 〈도표〉만 잘 쓰면 충분히 해결할 수 있다.

〈도표〉는 머릿속에서 정리되지 않은 상황을 명확하게 가시화하고 구조적으로 나타낸다. 이렇게 완성한 도표를 확인하면 복잡하다고 생각했던 문제가

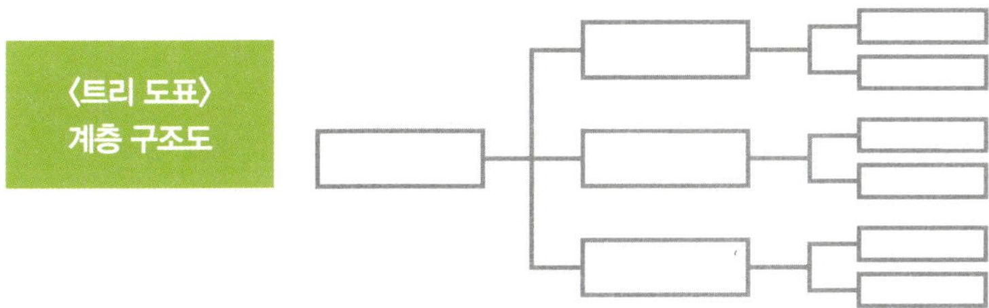

• 포인트

미시(MECE, Mutually Exclusive and Collective Exhaustive), 즉 '빠짐없이 포함하되 중복되지 않은 상태'를 확인하는 데 가장 적합하다

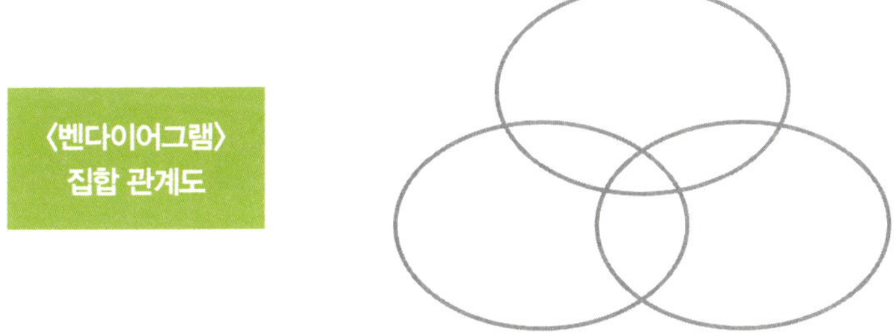

• 포인트

부분과 전체의 관계를 나타낼 수 있고, 작은 항목들을 유사점끼리 한곳에 모으는 데 적합하다

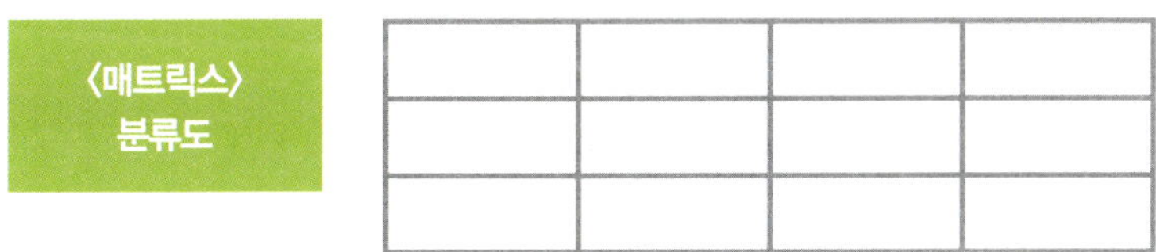

• 포인트

누락된 항목을 발견하거나 항목 사이의 새로운 관계를 찾아낼 수 있다

의외로 간단하다는 것을 알 수 있다.

사용하는 〈도표〉는 다섯 가지면 충분하다

〈트리 도표〉(계층 구조도)란 문자 그대로 '나무(tree)처럼 가지가 뻗어 나온 도형'을 가리킨다. '빠짐없이 포함하되 중복되지 않은 상태'를 확인하는 데 가장 적합하다.

〈벤다이어그램〉(집합 관계도)이란 원이나 사각형의 일부를 겹치게 그려 항목들의 관계를 나타내는 〈도표〉다. 작은 항목을 비슷한 것끼리 한곳에 모으기에 적합하다.

〈매트릭스〉(분류도)는 일반적으로 말하는 '표'다. 가로세로로 나눈 칸에 정보를 정리해서 누락된 항목을 발견하거나 항목 사이에 새로운 관계를 찾아낼 수 있는 〈도표〉다.

〈점 그래프〉(위치 관계도)는 가로와 세로의 선이 마주치는 부분에 점이나 원으로 위치를 표시하는 〈도표〉다. 항목 간 관계를 더욱 객관적으로 나타내거나 우선순위를 명확히 하는 데 유용하다.

마지막으로 〈플로 도표〉(연쇄 관계도)는 개별 항목을 원이나 사각형의 테두리로 연결한 것이다. 항목 간의 인과관계를 눈으로 보여줘 핵심 원인과 대립하는 항목을 찾아내기 쉬운 〈도표〉다.

다음은 〈도표〉를 자유자재로 활용하기 위한 기본적인 기술을 알아보자.

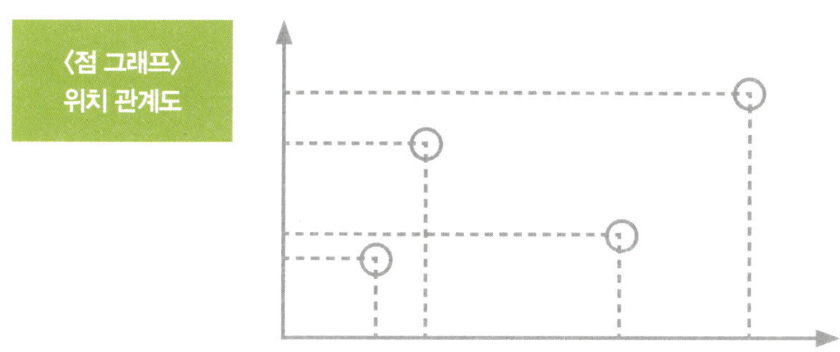

• 포인트

항목 간 관계를 더욱 객관적으로 나타내거나 우선순위를 정하는 데 유용하다

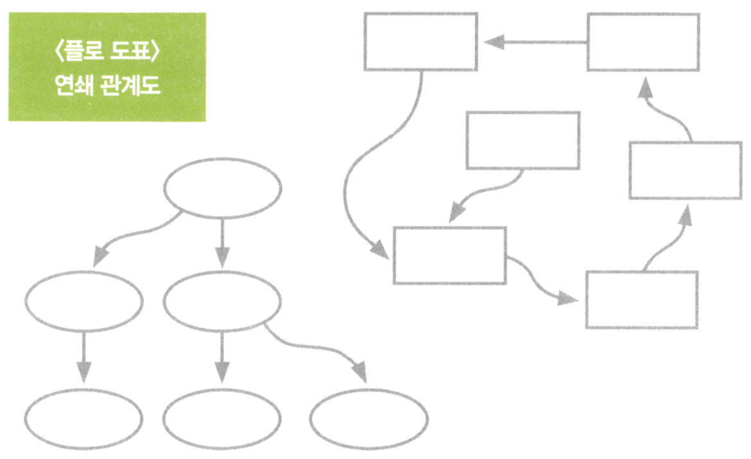

• 포인트

핵심 원인과 대립하는 항목을 찾아내기 쉽다

눈앞의 문제를 정리하고 싶다!
'상황파악 도식'으로 생각하자

- 필요에 따라 두 가지 도식을 나누어 쓴다.
- 먼저 현재 상황을 파악하는 도표를 그려보자.

상황을 정확하게 파악하지 않으면 쓸데없는 일이 늘어난다

도식이란 도표를 활용해 생각을 정리하는 방법이다. 도식의 종류에는 '상황파악을 위한 도식'과 '대책 검토를 위한 도식' 두 가지가 있다. 헷갈리기 쉬우니 도표를 만들 때 반드시 도식의 종류를 의식하고 나누어 써야 한다.

먼저 '상황파악 도식'을 만드는 방법이다.

혹시 이런 경험이 없는가? 분명히 지시받은 대로 서류를 작성했는데, 상사와 선배에게 퇴짜 맞아 몇 번이나 새로 고쳤다면? 또는 날마다 야근을 하는데도 일이 잘 되지 않는다면? 현재 이런 상황에 처했다면 '최종 성과물'이나 '달성할 목표'와 직접적 관계가 없는 작업을 하고 있을 가능성이 높다.

업무 내용을 제대로 이해하지 못하고 마구잡이로 일을 하면 종종 이런 일을 겪는다. 일단 상황을 냉정하게 분석하고, 지시받은 일의 내용과 제출할 성과물을 정확하게 파악하고 업무를 시작해야 전체 업무 시간을 절약할 수 있다.

▲ 자신을 객관적으로 바라볼 수 있는 시점을 만들어 자신이 처한 상황을 정
   확하게 파악한다.

이때 도표를 사용하면 자신이 처한 상황과 문제를 놀라울 만큼 빠르고 확실하게 알 수 있다.

도표는 자신을 객관적으로 볼 수 있는 도구

"도표로 직면한 상황과 문제를 파악한다"라는 말은 현실의 자신을 객관적으로 바라본다는 뜻이다. 복잡한 일을 잔뜩 끌어안고 있는 현실의 자신을 바라보는 또 다른 자신을 만들어내는 것이다. 이렇게 하면 문제를 냉정한 시각으로 볼 수 있어 더 바람직한 답을 발견할 가능성이 높다. 도표는 한 걸음 물러나 자신을 객관적으로 보는 도구다.

'상황파악 도식' 작성은 네 가지 단계로 한다

'상황파악 도식'은 다음 네 가지 단계로 작성한다. 어떤 상황에서든 작성 순서는 같다.

Step 01 '유사점 찾기'는 연상 게임!

상황파악을 위해 가장 먼저 할 일은 '유사점 찾기'다. 자신이 처한 상황과 문제와 유사점을 연상 게임하듯이 쭉 써본다. 마감이 코앞인 상황에서 연상 게임 따위를 할 여유가 어디 있냐고 반문할지도 모른다.

돌아가는 것처럼 보여도 일단 직면한 상황이나 문제에서 한걸음 떨어져서 생각해보자. 이는 사고를 유연하게 하는 데 반드시 필요하다.

Step 01 유사점 찾기

지금 맡은 업무의 내용이나 상황, 문제, 중요한 과제 등을 떠오르는 대로 쓴다

POINT

주제와 관련 있는 '유사점'을 찾는다

➡ 가벼운 마음으로 비슷한 내용이나 상황을 떠올린다

유사점을 찾는 방법(예)

• 골머리 앓는 문제

예를 들어 '신제품 광고 이벤트 기획서 작성'이라고 하자

• 찾는 방법

- 개최하려는 이벤트와 유사한 과거의 업무가 '유사점'이 된다
- '이벤트 성공'이 목적이므로 성공 사례를 골라 비교한다

• 주의점

- 게임처럼 편한 마음으로 하는 것이 요령
- 지나치게 정밀하게 쓰려고 하거나 '정답 찾기'에 얽매이면 상상력과 창의력
  을 발휘하기 어려우니 주의한다
- '어디까지가 유사한 업무일까?', '성공 사례의 기준은 뭐지?' 등을 생각하
  지 않는다

Step 02 **뚜렷한 '차이점'을 찾는다**

다음은 '차이점 찾기'다. 앞에서 나열한 '유사점'과 '현재 상황'을 꼼꼼히 비교하고 사소한 차이라도 있는지 찾아보자. 어떤 '차이점'을 발견하는지에 따라 도표의 형태가 전혀 달라진다. 자세한 방법은 2장에서 사례와 함께 구체적으로 살펴본다.

Step 03 **가장 적합한 도표를 찾는다**

step ③은 '도표 그리기'다. 먼저 step ②에서 발견한 '차이점'의 특성을 파악한다. 그 특성에 따라 다섯 가지 도표 중 가장 알맞은 것을 선택해서 그린다. 이 단계에서는 도표의 종류를 선택하는 것이 가장 어렵다. 책의 앞장에 있는 '도표 길잡이' 부록에서 설명했으니 참고하길 바란다.

상황과 문제를 도표로 그리면 연결되는 각 항목 사이에 누락되거나 애매한 부분이 있다는 사실을 깨닫는다. 의심이 생기는 부분은 수정하고, 부족한 부분은 보충해서 깔끔한 도표를 완성하자.

Step 04 **도표에서 문제를 해결할 힌트를 얻는다**

마지막 단계는 '분석하기' 또는 '해석하기'다. 도표를 꼼꼼히 살펴보면 상황과 문제에 대해 객관적으로 파악할 수 있다. 머리로만 생각할 때보다 훨씬 구체적으로 이해할 수 있다. 이를 바탕으로 문제 해결의 실마리를 찾을 수 있다.

Step 02 | 차이점 찾기

현재 상황과 '유사점'을 비교해 차이점을 써 내려간다

> **POINT** 구체적으로 밝히고 싶은 것을 잘 드러낼 수 있는 '차이점'을 찾는다
>
> ➜ 어떤 '차이점'을 발견하는지에 따라 도표의 형태가 달라진다

Step 03 | 도표 그리기

책의 앞장에 실린 '도표 길잡이'를 참고해 적합한 도표를 골라서 그린다

> **POINT** 논리적으로 맞는지 확인한다
>
> ➜ 수정하고 보충해서 도표를 깔끔하게 완성한다

Step 04 | 분석(해석)하기

그린 도표를 꼼꼼히 살펴보고 도표의 의미를 읽는다

> **POINT** 남이 그린 도표라고 생각하고 다양한 각도로 해석한다
>
> ➜ 자신이 처한 상황과 문제, 과제 등을 정확히 이해할 수 있다

어떻게 해야 좋을지 모르겠다!
'대책검토 도식'으로 생각하자

- 대책을 세우기 위한 도표들로 도식을 만든다.
- 헷갈리지 않도록 각 항목을 나누어 쓰는 것이 핵심!

모로 가도 서울만 가면 된다!

다음으로 '대책검토 도식'을 살펴보자.

높은 산은 여러 입구에서 출발해 다양한 등산로로 오를 수 있다. 일도 마찬가지다. 업무의 목표는 1개지만, 실행하는 방법은 여러 가지다. 따라서 목표를 달성하는 데 필요한 시간과 노력을 스스로 생각해 더 효율적인 방법을 고르는 것이 현명하다.

현재 다른 사람보다 야근을 많이 한다면 업무 과정에서 자신도 모르게 시간을 낭비할 가능성이 있다. 예를 들면 더 빠른 방법이 있는데도 먼 길로 돌아가거나 딴짓을 하느라 시간을 낭비할 지도 모른다. 이럴 때 '대책검토 도식'은 가장 좋은 해결책을 찾아낸다.

'상황파악 도식'과 마찬가지로 사용하는 도표는 〈트리 도표〉, 〈벤다이어그램〉, 〈매트릭스〉, 〈점 그래프〉, 〈플로 도표〉 다섯 가지다.

▲ 해결 방법은 하나가 아니다. 도표를 만들어 상황이나 문제를 객관적으로
보고, 최선의 해결 방법을 선택하자.

도표란 손쉽게 다룰 수 있는 크기로 잘라서 생각하는 것

"도표를 이용해서 대책을 검토한다"라는 말은 무슨 뜻일까?

보고서나 기획서를 작성하거나 영업 자료를 만들기, 판촉을 위한 이벤트를 개최하는 등의 복잡한 업무는 대책이 쉽게 떠오르지 않는다.

이때는 자신이 처리하기 쉬운 크기로 문제를 잘라 세부적인 일마다 대책을 생각하면 답이 금세 나온다. 문제를 몇 가지 항목으로 나누고, 도표를 통해 각 항목의 관계를 나타내면 된다. 도표는 이 항목들 간의 관계를 한눈에 보여준다.

'대책검토 도식' 작성도 네 단계로 한다

'대책검토 도식'도 네 가지 순서로 작성한다.

Step 01 문제를 나눌 때는 완벽하지 않아도 된다

첫 단계는 '개별 항목으로 분해하기'다.

우리는 문제와 그 원인, 그것이 미치는 영향을 '덩어리'로 파악하는 경향이 있다. 복잡한 사안을 하나로 보고 한 가지 방법으로 해결하려 하기 때문에 벽에 부딪히고 만다.

일단 문제를 처리하기 쉬운 크기로 나누어보자. 그러면 각각의 문제 해결책은 비교적 쉽게 찾을 수 있다.

이때 너무 '완벽하게' 하려고 욕심낼 필요는 없다. 나눈 항목끼리 중복되거나

◁ '대책검토 도식' 작성 순서 ▷

Step 01 개별 항목으로 분해하기

문제를 처리하기 쉬운 크기로 나누어 써본다

Step 02 연관성 살피기

step ①에서 나열한 항목을 비교해서 공통점을 찾는다

Step 03 도표 그리기

책의 앞장에 실린 '도표 길잡이'를 참고해 적합한 도표를 골라 그린다

Step 04 대책검토하기

그린 도표를 꼼꼼히 살펴보고 대책을 검토한다

크기가 달라도 신경 쓰지 말자. 깊이 생각하면 오히려 항목을 나누기가 어려워진다. 도표로 그릴 때 각 항목을 자세히 조사하고 정리하면 된다.

Step 02 항목 속에 숨은 공통 항목을 찾는다

다음 단계는 '연관성 살피기'다.

연관성 살피기는 조각조각 나뉜 항목들의 공통점을 찾는 것이다.

예컨대 지각이 잦고, 회의 날짜를 잊거나 간단한 서류를 작성하는 것조차 실수하는 부하직원이 있다고 하자. 문제를 일으키는 '원인'에 초점을 맞추면 '해이한 정신' 또는 '계속되는 밤샘으로 인한 피로 누적' 등이 공통 항목의 후보가 된다.

Step 03 연관성에 따라 가장 적합한 도표를 찾는다

step ③은 '도표 그리기'다.

다섯 가지 도표 중 step ②에서 발견한 '연관성'과 '공통 항목'에 따라 가장 적합한 도표를 골라서 그린다.

Step 04 도표에서 문제를 해결할 힌트를 얻는다

마지막 단계는 '대책 검토하기'다.

그린 도표를 꼼꼼히 살펴본 다음 문제와 원인, 영향을 파악해 문제를 깊이 이해했다면 세울 대책과 거기에 필요한 준비 과정을 생각한다.

다음 장부터는 구체적인 사례를 중심으로 도표를 그리는 방법을 연습해본다.

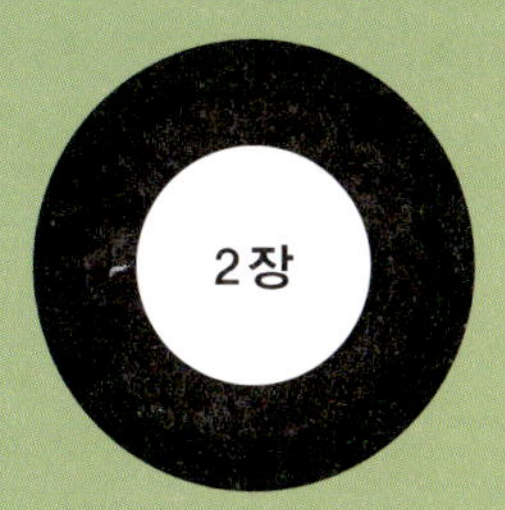

'상황파악 도식' 연습 문제

이번 장에서는 현재 상황을 이해하기 위한 '상황 파악 도식'을 그리는 방법을 배운다.
도식에 쓰일 도표는 다섯 가지 중에서 고르자. 도표를 고르는 방법은 책의 앞장에 실린 '도표 길잡이' 부록을 참조하기 바란다.

이 장의 핵심

- 〈트리 도표〉를 쓰면 빠트리거나 중복되는 것 없이 상황과 문제를 파악할 수 있다.
- 〈벤다이어그램〉을 쓰면 중복되는 항목 중에서 상황과 문제를 파악할 수 있다.
- 〈매트릭스〉를 쓰면 두 가지 측면에서 상황과 문제를 살피고 그 특성을 분명하게 나타낼 수 있다.
- 〈점 그래프〉를 쓰면 구체적으로 밝히고 싶은 상황이나 문제를 다른 상황이나 문제와 연관지어 수치화해 파악할 수 있다.
- 〈플로 도표〉를 쓰면 상황과 문제를 더 큰 상황이나 문제의 틀 안에서 파악할 수 있다.

상사가 지시한 일을
확실하게 처리하기

- 과거에 저지른 실수의 사례를 정리하면 실수 유형과
  앞으로 주의할 점을 알 수 있다.

 **Question**

신입사원 이초보 씨는 아직 일이 서툴러 상사가 시킨 일을 자주 착각한다. 자신은 제대로 이해했다고 생각하며 일을 해가도 상사에게 혼이 난다. 어느 날 영업팀 김 부장이 이초보 씨를 불렀다.

"시장 분석 보고서는 다 썼나? 분석 방법은 기획팀의 최 대리가 잘 알고 있으니 가서 물어보게. 우리 부서에서만 쓸 거니까 격식은 갖추지 않아도 괜찮아. 다 되면 내 방에 직접 가져오게"

이번에는 이초보 씨가 실수하지 않게 도표를 그려 문제를 해결해보자.

생각 정리의 실마리

이초보 씨는 다음과 같은 실수를 저지른 적이 있다.

- 상세한 영업 보고서가 필요한데 A4 절반 크기로 메모처럼 간단하게 작성했다
- 거래처에서 의뢰한 견적서를 상사에게 보고하지 않고 고객에게 넘겼다
- 영업팀 과장에게 제출해야 할 결재문서를 엘리베이터에서 마주친 기획팀 과장에게 제출해버렸다

- **〈트리 도표〉를 이용해 실수하는 유형을 구체화한다**

이초보 씨가 빠트린 일은 무엇일까? 업무 중 누락이나 중복을 확인하려면 〈트리 도표〉가 알맞다.

지금까지 이초보 씨가 지시를 제대로 이해하지 못하고 실수한 사례를 보면 '작업 목적', '최종 성과물', '방법과 순서', '제출 상대', '제출 장소'를 제대로 확인하지 않았다는 사실을 알 수 있다.

이번 사례에서 문제는 이초보 씨가 '마감 일자'를 확인하지 않았다는 것이다. 실수가 없으려면 먼저 상사에게 가서 제출 마감 일자를 확인해야 한다.

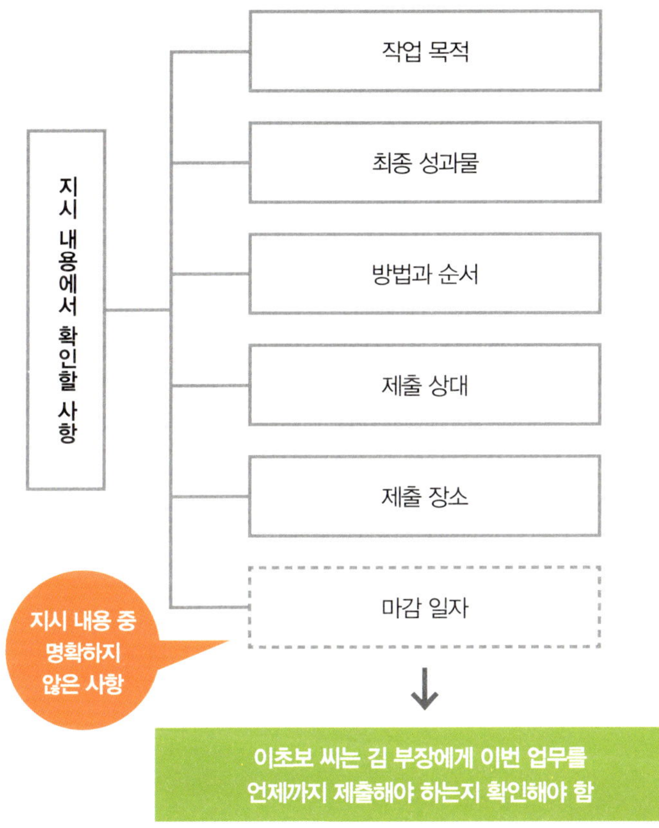

도표의 특징

〈트리 도표〉에서는 누락이나 중복을 찾기 쉽다. 체계적인 틀 안에서 문제가 무엇인지 밝혀내기 때문에 대책도 쉽게 찾는다

Step 01　**유사점 찾기 – 실수한 사례를 '유사점'으로 정한다**

이초보 씨는 이번 작업의 내용과 과거 실수 사례 세 가지를 썼다.

Step 02　**차이점 찾기 – 실수한 이유에 초점을 맞춰 각 사례별 차이를 찾는다**

김 부장은 부서에서 쓸 시장 분석 보고서를 작성하라고 지시했다. 격식을 갖추지 않아도 괜찮으며, 자신에게 제출하고, 기획팀 최 대리에게 분석 방법을 물어보면 된다고 말했다.

지시 사항과 세 가지 실수 사례를 비교해서 차이를 찾아보자.

오른쪽 그림 ①의 실수를 저지른 원인은 상세한 영업 보고서를 작성해야 하는데 메모처럼 간단하게 만든 것이다. 다시 말해 **'작업 목적'**과 **'최종 성과물'**을 잘못 이해했다.

오른쪽 그림 ②의 실수는 견적서를 고객에게 보내는 **'방법과 순서'**를 이해하지 못했기 때문에 저질렀다.

오른쪽 그림 ③의 실수는 결재문서를 처리하면서 **'제출 상대'**와 **'제출 장소'**를 착각한 것이다.

다시 말해 **'작업 목적'**, **'최종 성과물'**, **'방법과 순서'**, **'제출 상대'**, **'제출 장소'** 다섯 가지 키워드로 실수 간의 차이점을 나타낼 수 있다.

'작업 목적', '최종 성과물'을 잘못 이해한 ①에서는 '상세한 보고서'가 아니라 'A4 절반짜리 메모'를 만들었다. 이번에 작성할 것은 부서에서 검토하는 데 쓸 '간단한 보고서'다

현재 상황
이번 작업

- 부서에서 쓸 간단한 것(작업 목적)
- 시장 분석 보고서 작성(최종 성과물)
- 분석 방법은 기획팀 최 대리에게 묻기(방법과 순서)
- 부장실에 가서 부장에게 직접 제출(제출 상대, 제출 장소)

유사점
과거의
실수 사례

① 상세한 영업 보고서가 필요한데, A4 절반 크기로 메모처럼 간단하게 작성했다

② 거래처에서 의뢰한 견적서를 상사에게 확인받지 않고 고객에게 넘겼다

③ 영업팀 과장에게 제출해야 할 결재문서를 엘리베이터에서 마주친 기획팀 과장에게 제출해버렸다

고객에게 보내는 '방법과 순서'를 이해하지 못했다
②는 '상사에게 확인 받는 것'을 잊었다. 이번 일은 필요한 경우에 '최 대리에게 질문'하면 된다

제출해야 할 '상대'와 '장소'를 착각했다
③은 실수로 '기획팀 과장'에게, 그것도 '엘리베이터'에서 주었기 때문에 이번에는 '부장실'에 가서 '부장'에게 직접 제출하면 된다

과거의 실수 사례와 비교했더니 이번 일은 '작업 목적', '최종 성과물', '방법과 순서', '제출 상대', '제출 장소'가 명확해졌다

Step 03 **도표 그리기 – ⟨트리 도표⟩를 선택한다**

앞서 말한 다섯 가지 키워드 사이에는 어떤 관계가 있을까? **'작업 목적'**, **'최종 성과물'**, **'방법과 순서'**, **'제출 상대'**, **'제출 장소'**는 '인과관계가 없고', '중복되지 않으며', '세 항목 이상'이므로 ⟨트리 도표⟩가 적합하다.

Step 04 **분석하기 – 누락된 항목을 보충한다**

이초보 씨는 ⟨트리 도표⟩를 그려서 살펴봤더니 찾아낸 다섯 가지 항목이 위에부터 Why(왜), What(무엇을), How(어떻게), Who(누가), Where(어디서)이라는 사실을 깨달았다. 이른바 5W 1H 중 다섯 항목이다. 그래서 나머지 When(언제)을 ⟨트리 도표⟩에 추가해보았다. 이것으로 ⟨트리 도표⟩가 완성되었다.

When은 작업에서 **'마감일'**이라고 해석할 수 있다.

다시 말해, 이번 사례는 '마감일'이 명확하지 않다. 이초보 씨는 시장 분석 보고서를 언제까지 제출해야 하는지 부장에게 확인하기로 했다.

✏️ 다섯 가지 키워드로 〈트리 도표〉를 작성 📏

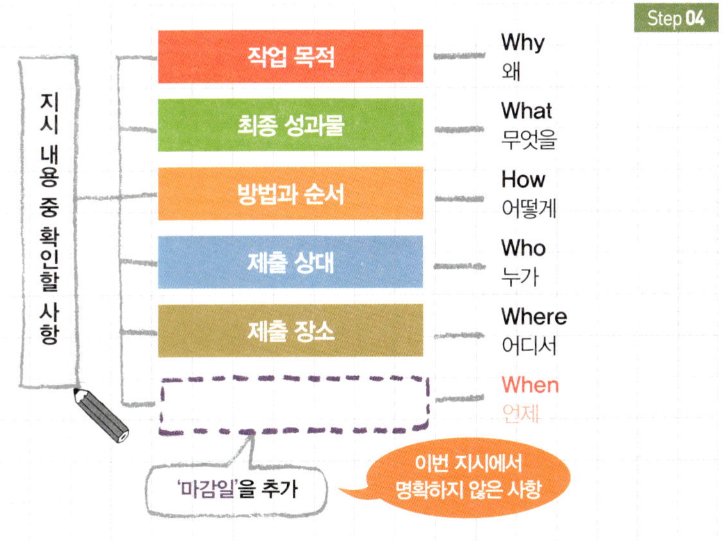

한 가지 도표만 사용하는 것은 아니다

이번 사례에서는 〈트리 도표〉가 적합하다고 결론 내렸지만 '작업 목적', '최종 성과물',

'방법과 순서', '제출 상대', '제출 장소', '마감일' 간 관계를 인과관계로 볼 수도 있다.

이 경우 '도표 길잡이' 부록을 찾아보면 〈플로 도표〉가 적합하다고 나온다. 만약 〈플로

도표〉를 그려서 실수의 원인을 찾아 거슬러 가면 아래 도표와 같다.

이 도표는 '어떤 일이든 목적이 있다. 작업의 목적을 명확히 이해하는 것이 중요하다'는

사실을 보여준다. 이처럼 한 가지 도표만 그려야 하는 것은 아니다. 또한 무엇이 최고라

고 딱 잘라 말하기도 어렵다. 가능하다면 도표를 여러 개 그려서 비교하는 게 좋다.

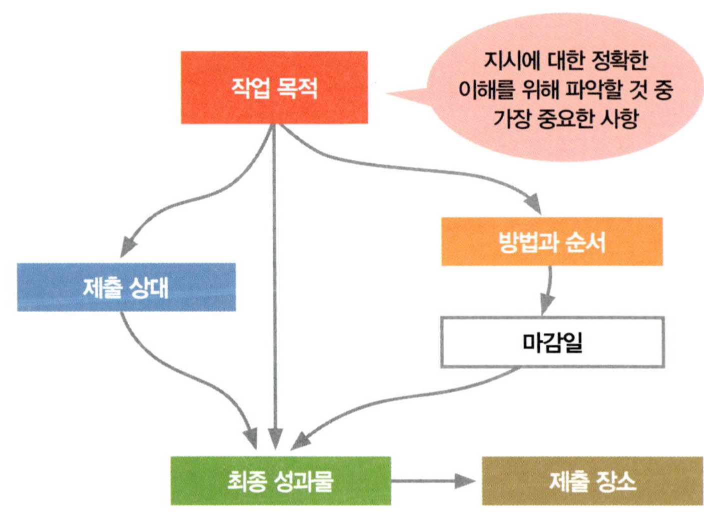

2. 중복되는 문제 발견하기 〈벤다이어그램〉

반복되는 실수 원인을 찾아 해결하기

• 선배와 나는 뭐가 다를까?
　도표로 차이를 정리해보자.

 **Question**

신입사원 김허술 씨는 보고서 작성이 서툴다. 가장 기본인 회의록을 작성할 때조차 오·탈자가 많아 상사에게 혼나기 일쑤다. 이와 같은 실수의 원인을 찾는 데 어떤 도표를 그리면 좋을까?

생각 정리의 실마리

같은 부서 선배인 이 대리는 회의록을 정확하고 명료하게 작성한다. 이 대리가 작성한 회의록은 다음과 같은 점에서 김허술 씨의 것과 달랐다. 이 대리의 회의록과의 '차이'를 통해 문제의 원인을 찾아보자.

• 회의 날짜와 참가자 이름 등 기본적인 사항을 정확하게 기재했다
• 알아듣기 어려운 내용도 쉽고 정확하게 기재했다
• 업계 용어와 전문 용어를 적절하게 사용했다

• 〈벤다이어그램〉을 그리면 문제의 핵심을 키워드로 뽑을 수 있다

비교 결과, 김허술 씨가 저지른 실수는 ① 집중력, ② 이해력, ③ 확인 등 세 가지였다.

이 세 가지 항목은 '서로 중복되어' 실수를 유발하기 때문에 〈벤다이어그램〉으로 정리하는 것이 알맞다. 〈벤다이어그램〉을 통해서 항목별로 주의해야 할 점도 알 수 있다.

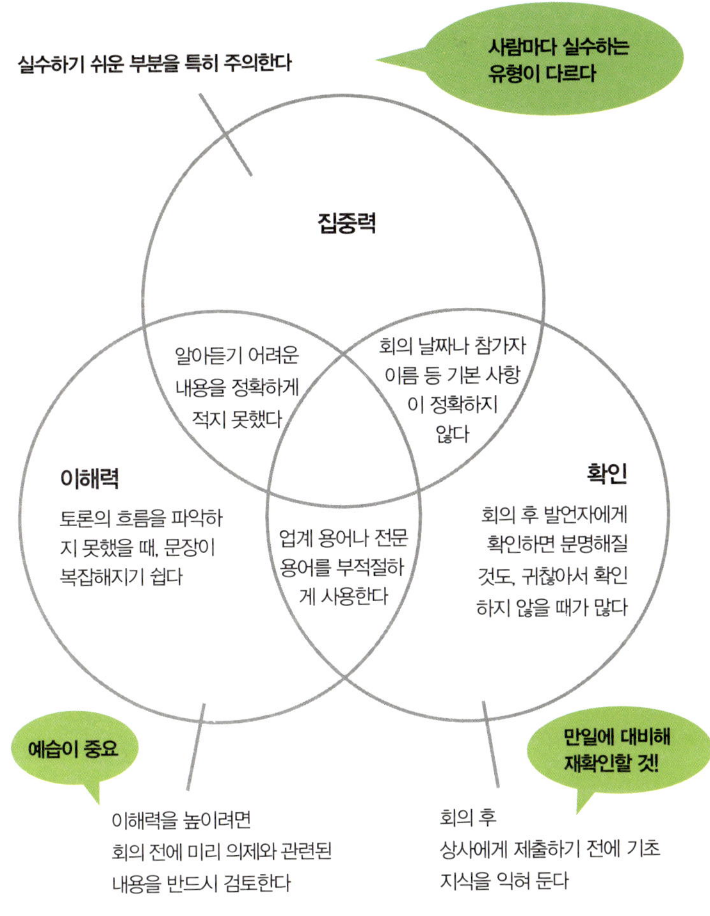

도표의 특징

〈벤다이어그램〉은 여러 영역에 걸친 항목을 한곳에 모으는 데
적합하고, 그 중에서 핵심 원인을 찾아낼 수 있다

Step 01 유사점 찾기 – 모범 예를 '유사점'으로 한다

김허술 씨의 결점을 찾기 위해 회의록 작성을 잘하는 이 대리의 회의록에서 특징을 찾아냈다.

Step 02 차이점 찾기 – 우수한 사례와 비교한다

김허술 씨는 이 대리와 달리 날짜나 회의 참가자의 이름을 잘못 쓰는 일이 많았다. 또한 알아듣기 어려운 내용을 정확하지 않게 적었다. 이는 회의 중 김허술 씨와 이 대리의 '집중력'에서 차이가 나기 때문이다.

또한 알아듣기 어려운 내용을 잘못 쓰는 것은 김허술 씨의 기초 지식이 부족해서 회의 내용을 다 이해하지 못했기 때문이다. 업계 용어와 전문 용어를 적절하게 쓰지 못하는 것도 회의 내용에 관한 '이해력'에서 차이가 나기 때문이다.

날짜나 참가자 이름을 틀리게 쓰는 것은 상사에게 제출하게 전에 확인하면 된다. 업계 용어와 전문 용어를 틀리는 것도 마찬가지다. 제출하기 전에 꼼꼼히 확인하고 수정하는 이 대리와 '확인'면에서도 차이가 난다.

이상 김허술 씨의 사례에서 '집중력', '이해력', '확인' 이라는 세 가지 키워드를 발견했다.

◀ 이 대리가 작성하는 회의록의 특징 ▶

Step 01

유사점

이 대리의 회의록
• 회의 날짜와 참가자 이름 등 기본적인 사항을
  틀리지 않는다
• 알아듣기 어려운 내용도 정확하게 기재했다
• 업계 용어와 전문 용어를 적절하게 사용했다

◀ 이 대리와 김허술 씨의 차이점 찾기 ▶

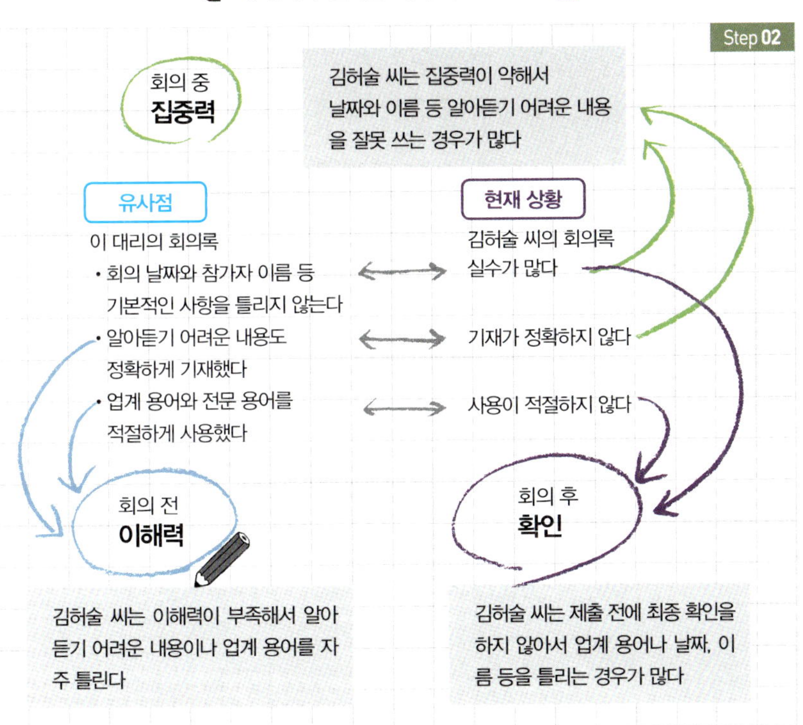
Step 02

회의 중
집중력

김허술 씨는 집중력이 약해서
날짜와 이름 등 알아듣기 어려운 내용
을 잘못 쓰는 경우가 많다

유사점

이 대리의 회의록
• 회의 날짜와 참가자 이름 등
  기본적인 사항을 틀리지 않는다
• 알아듣기 어려운 내용도
  정확하게 기재했다
• 업계 용어와 전문 용어를
  적절하게 사용했다

현재 상황

김허술 씨의 회의록
실수가 많다

기재가 정확하지 않다

사용이 적절하지 않다

회의 전
이해력

회의 후
확인

김허술 씨는 이해력이 부족해서 알아
듣기 어려운 내용이나 업계 용어를 자
주 틀린다

김허술 씨는 제출 전에 최종 확인을
하지 않아서 업계 용어나 날짜, 이
름 등을 틀리는 경우가 많다

'**집중력**', '**이해력**', '**확인**' 이 세 가지 키워드는 개념이 비슷하고, 서로 관련이 있지만 명확한 '인과관계'는 찾을 수 없다. 또 '중복되는 부분'이 있으므로 〈벤다이어그램〉이 적합하다. 이 세 가지 키워드를 중심으로 도표를 그려보자.

도표를 살펴보면 원의 중심에 들어갈 내용이 더 있어 보인다.

예를 들어 '**이해력**' 부분에는 '토론의 흐름을 파악하지 못했을 때 문장이 복잡해지기 쉽다', '**확인**' 부분에는 '회의 후 발언자에게 확인하면 분명해질 것들도 귀찮아서 확인하지 않을 때가 많다'고 〈벤다이어그램〉에 추가해서 써 넣는다.

이 사례에서 회의 중의 '**집중력**', 평소 업무에 대한 '**이해력**', 회의록을 제출할 때의 '**확인**' 부족이 김허술 씨가 자주하는 실수의 원인이라는 사실을 알 수 있다. 김허술 씨는 이 항목이 서로 중복되어 실수가 끊이지 않는다.

◁ 이 대리와 김허술 씨의 회의록의 차이점을 바탕으로 〈벤다이어그램〉을 작성 ▷

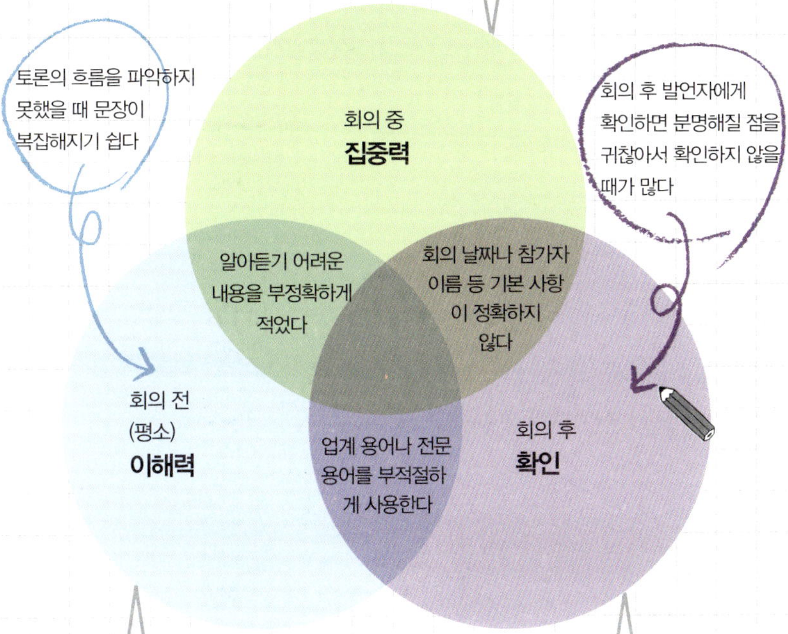

어떤 '차이점'을 찾아야 할까?

이번 사례에서는 선배와 비교해서 '집중력', '이해력', '확인'이라는 세 가지 '차이점'을 도출해 〈벤다이어그램〉을 그렸다.

이밖에 '기본 사항을 정확하게 쓰는가?', '알아듣기 어려운 내용을 정확하게 쓰는가?', '전문 용어를 적절하게 사용하는가?'라는 '차이점'도 생각할 수 있다. 이 차이점을 바탕으로 도표를 그릴 수는 없을까?

상황을 파악하는 데 '차이점'은 해결하려는 상황이나 문제를 구체적으로 나타내준다. 이 차이점을 잘 설정하지 않으면 좋은 도표를 그릴 수 없다.

위에 든 예로 설명하면 '기본 사항을 정확하게 쓰는가?'와 같은 '차이점'은 선배가 작성한 회의록과의 사소한 차이점일 뿐이다. 더 광범위한 '차이점'도 포함되도록 Step ① 에서 찾은 '유사점'보다 한 단계 높은 개념을 찾아야 한다. 이번 사례에서 발견한, '집중력' 이라는 키워드가 예가 될 수 있다.

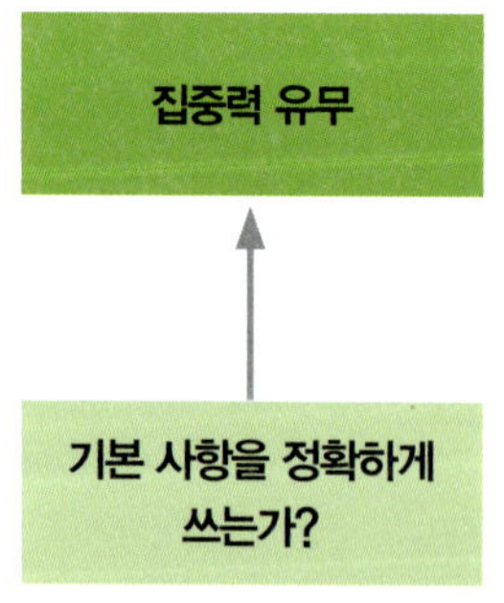

'유사점'보다도 한 단계 상위 개념
김허술 씨와 선배의 '차이점'을 빈틈없이 표현하는 키워드

구체적인 개념에서의 '차이점'
'유사점'과 같은 수준
선배의 회의록은 기본 사항이 정확함

필요한 서류를
한 번에 찾아내기

- 서류 정리의 목적을 생각하자.
- 일목요연한 도표는 무엇일까?

 **Question**

서류 정리가 서툰 박산만 씨는 필요한 서류를 찾는 데만 반나절을 훌쩍 넘기는 일이 허다하다. 이대로 가다가는 승진은커녕 회사를 계속 다니기도 힘들겠다는 위기감이 들었다. 그래서 '이번 기회에 반드시 버릇을 고치리라'는 결심을 했다.

우선 서류 정리를 잘하는 방법은 무엇인지, 자신은 왜 정리를 못 하는지 자세히 따져보기로 했다. '서류 정리'에 대해서 생각할 수 있는 도표를 그려보자.

생각 정리의 실마리

'서류 정리'란 서류를 처리하는 방법 중 하나라고 보면 된다

- 박산만 씨는 '서류 정리' 말고도 '서류 보관 · 관리', '서류 폐기', 서류를 책상 위에 그냥 쌓아두는 '서류 방치' 라는 세 가지 키워드가 떠올랐다
- 이 세가지 키워드를 '유사점'으로 한다

- **'서류 정리'는 〈매트릭스〉로 정리한다**

이 사례에서는 서류 정리를 '나누다'와 '버리다'라는 두 가지 시점으로 파악했다. 두 항목은 '인과관계가 없고', '중복되지 않으며', '세 항목 이상이 아니고', '수치화할 수 없으므로' 〈매트릭스〉가 적합하다.

이 도표에서 말하는 '서류 정리'란 각 서류의 내용과 용도를 파악해 '나누는' 행위와 불필요한 것을 '버리는' 행위의 조합이다.

〈매트릭스〉로 '서류 정리'를 분류

'서류 정리'란 불필요한 것의
'버리기'와 '나누기'라는 사실을 깨달았다

서류의 그룹화(나누기)와 필요 없는 서류의 폐기(버리기)를
습관화하기로 했다

도표의 특징

〈매트릭스〉는 두 가지 측면에서 상황과 문제를 살피는 것으로서,
특성이 명확해져 한눈에 알아볼 수 있다

Step 01 유사점 찾기 – 서류와 관련된 행위를 나열한다

'서류 정리'와 비슷한 행위로 '서류 보관 · 관리', '서류 폐기', '서류 방치' 세 가지가 박산만 씨의 머리에 떠올랐다.

Step 02 차이점 찾기 – '유사점'끼리는 어떤 차이가 있는가?

먼저 '서류 정리'와 '서류 보관 · 관리'의 차이를 생각해본다.

'정리'라는 말에는 '줄이다' 또는 '없애다'라는 의미가 있다. 예를 들어 '인원 정리'는 주로 직원을 줄이는 경우에 쓰고, '서류 정리'에도 필요 없는 서류를 '버려서 줄이다'라는 뜻이 포함되어 있다.

한편, '보관 · 관리'에는 그런 뜻이 없다. 다시 말해 **버리다**라는 행위에서 차이가 난다.

다음으로 '서류 정리'와 '서류 폐기'는 어떨까? '정리'에는 '정리 정돈', 다시 말해 알아보기 쉽도록 **나누다**, '분류하다'라는 행위가 포함되었다는 사실을 알 수 있다.

'폐기'에는 그런 뜻이 없다. 쓰레기는 음식 쓰레기와 일반 쓰레기로 분리수거 하겠지만, 서류는 굳이 분류해서 버리지 않는다. 여기서 **나누다**라는 행위를 또 하나의 '차이점'으로 보자.

서류 취급과 관련된 것을 '비슷한 행위'로 나열한다

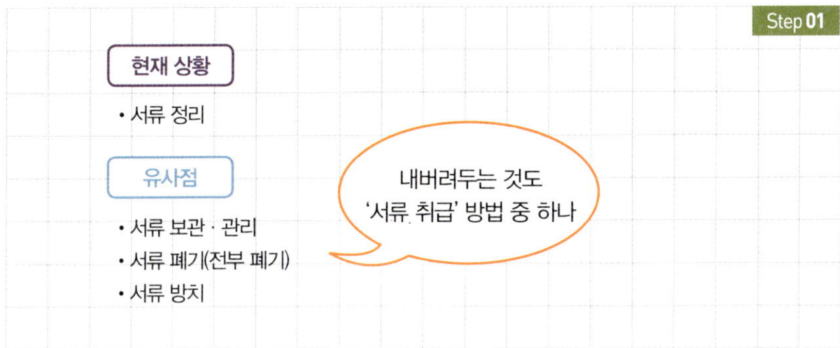

Step 01
현재 상황
· 서류 정리
유사점
· 서류 보관 · 관리
· 서류 폐기(전부 폐기)
· 서류 방치
내버려두는 것도
'서류 취급' 방법 중 하나

네 가지 차이를 살펴본다

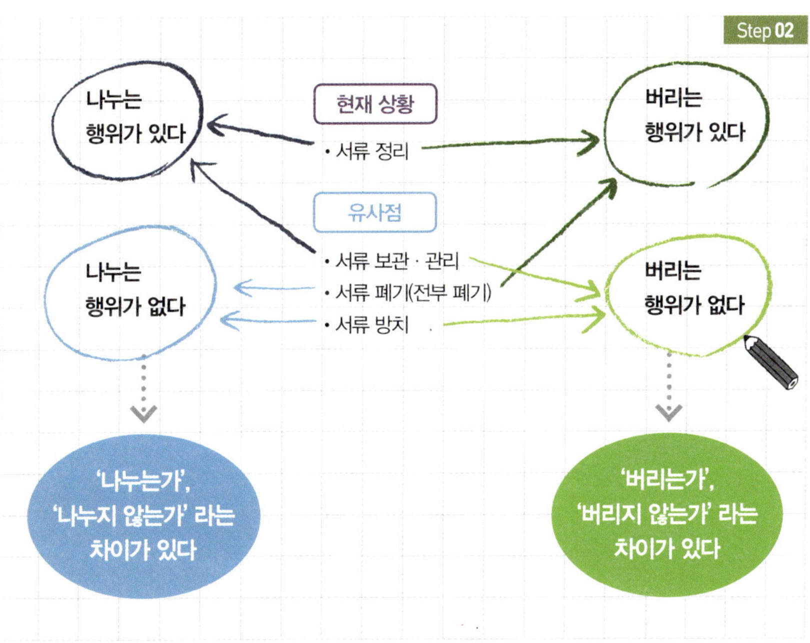

Step 02
나누는 행위가 있다
현재 상황
· 서류 정리
버리는 행위가 있다
유사점
· 서류 보관 · 관리
· 서류 폐기(전부 폐기)
· 서류 방치
나누는 행위가 없다
버리는 행위가 없다
'나누는가', '나누지 않는가' 라는 차이가 있다
'버리는가', '버리지 않는가' 라는 차이가 있다

Step 03　도표 그리기 – '2×2=4'인 〈매트릭스〉를 그린다

'버리다'와 '나누다'라는 두 가지 키워드는 '중복되지 않고', '세 항목 이상이 아니며', '수치화할 수 없으므로' 〈매트릭스〉가 적당하다. '버리다'에 관한 행위는 '버리다'와 '버리지 않다' 두 가지다.

'나누다'에 관한 행위도 마찬가지로 '나누다'와 '나누지 않다' 두 가지다. 따라서 '2×2=4'인 〈매트릭스〉를 떠올릴 수 있다.

〈매트릭스〉의 네 칸에 각각 해당하는 행위를 채워 넣으면 오른쪽 표와 같다.

Step 04　분석하기 – 도표로 '서류 정리'의 특징을 구체화한다

이 도표에서 '서류 정리'란 '버리다'와 '나누다'의 조합이라는 사실을 알 수 있다. 박산만 씨가 서류 정리를 잘 못 하는 이유는 언젠가는 사용할 것이라 생각하고 전부 모아두거나(버리지 않는다) 모든 서류를 한 곳에 두기(분류하지 않음)때문이다.

그래서 서류를 정리할 때는 항상 서류의 내용과 용도를 기준으로 그룹화하고, 크게 필요하지 않거나 인터넷으로 얻기 쉬운 자료는 과감히 버리기로 했다.

〈매트릭스〉로 '서류 정리'의 특징을 네 가지로 분류

Step 03

Step 04

네 개의 칸에 네 가지 특징을 써 넣는다

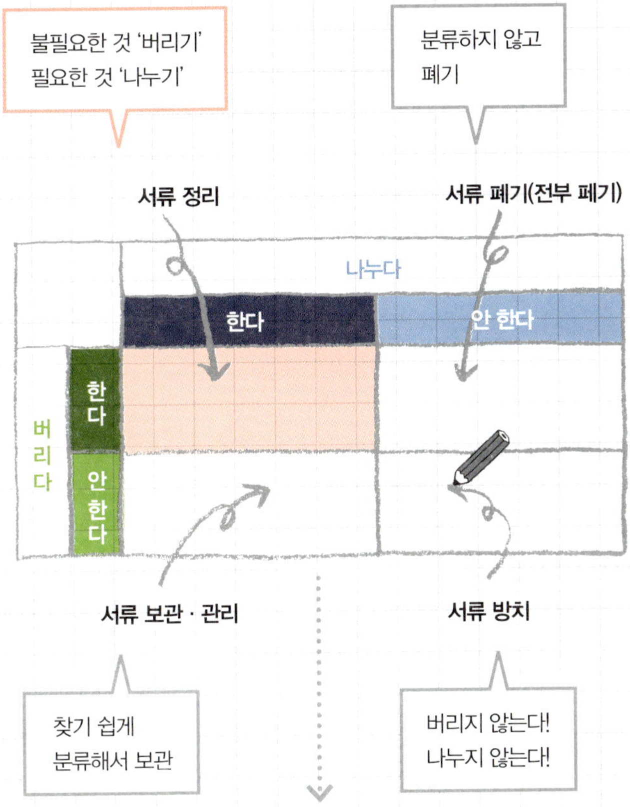

'서류 정리'란 '버리기'와 '나누기'의
조합이라는 사실을 알았다

<매트릭스>는 2×2만 있는 것이 아니다

이 사례에서는 2×2인 <매트릭스>를 그렸는데, 예를 들어 잡지, 신문, 서류를 정리한다고 할 때 일부는 재활용하고 일부는 완전히 버리는 '분리수거'를 '유사점'의 항목에 더해보면 어떨까?

'버리다' 축을 '일부만 버리다', '전부 버리다', '버리지 않는다'의 세 가지 항목으로 나누어, 3×2인 <매트릭스>를 만들어 보자.

		나누다	
		한다	안 한다
버리다	전부	분리수거	서류 폐기(전부 폐기)
	일부	서류 정리	부분 폐기
	안 한다	서류 보관 · 관리	서류 방치

이 도표에서는 '서류 정리'란 '나누기'와 '일부를 버리기'의 조합이다

4. 숫자로 나타내기 〈점 그래프〉

내 업무 능력 어필하기

- 우리 부서의 매출액은 변함없지만 내 공헌도는 높아졌다.
- 사람들에게 알리고 싶은데 어떻게 해야 할까?

 **Question**

임판촉 씨는 방문 판매를 하는 영업사원으로 일을 시작한 지 딱 3년이 됐다. 3년 내내 10억의 매출액을 유지해왔고, 이번 분기에는 경기가 나쁜 와중에도 더 열심히 뛰었다.

다음 주에 상사와 연봉 협상을 앞두고 연봉을 올리기 위해 자신의 성과를 어필해야겠다는 생각이 들었다. 어떤 도표가 적합할까?

생각 정리의 실마리

이번 분기 부서에서 달성한 총 매출액은 100억, 영업사원 수는 12명, 임판촉 씨의 매출액은 10억이었다. 여기에 1분기 전과 2분기 전 실적을 '유사점'으로 삼아 살펴보았다.

- 1분기 전 총 매출액은 120억, 영업사원 수는 12명, 임판촉 씨의 매출액은 10억이었다
- 2분기 전 총 매출액은 100억, 영업사원 수는 8명, 임판촉 씨의 매출액은 10억이었다

• 〈점 그래프〉를 그리면 문제의 키워드가 명확해진다

실적을 수치로 나타내면 이해하기도 쉽고, 협상에서 설득하기도 편리하다.

우선 수치화할 항목을 무엇으로 정하는지가 중요하다. 이 사례에서는 부서에

대한 공헌도를 나타내기 위해 임판촉 씨의 영업실적을 수치화해 보았다.

이를 위해서 '영업사원 수(A)'와 '총 매출액에서 임판촉 씨의 매출액이 차지

하는 비율(B)'을 지표로 사용했다. 이 두 가지 지표는 '수치화할 수 있으므로'

〈점 그래프〉가 적당하다.

임판촉 씨의 영업실적은 두가지 지표의 수치를 곱해서 나타낼 수 있다. 이때 임판

촉 씨의 영업실적은 2분기 전에 0.8, 1분기 전에는 1.0, 이번 분기에는 1.2로 해마

다 상승했다. 따라서 이 성과를 상사에게 어필하면 원하는 결과를 얻을 수 있다.

임판촉 씨의 실적 향상을 어필하는 〈점 그래프〉

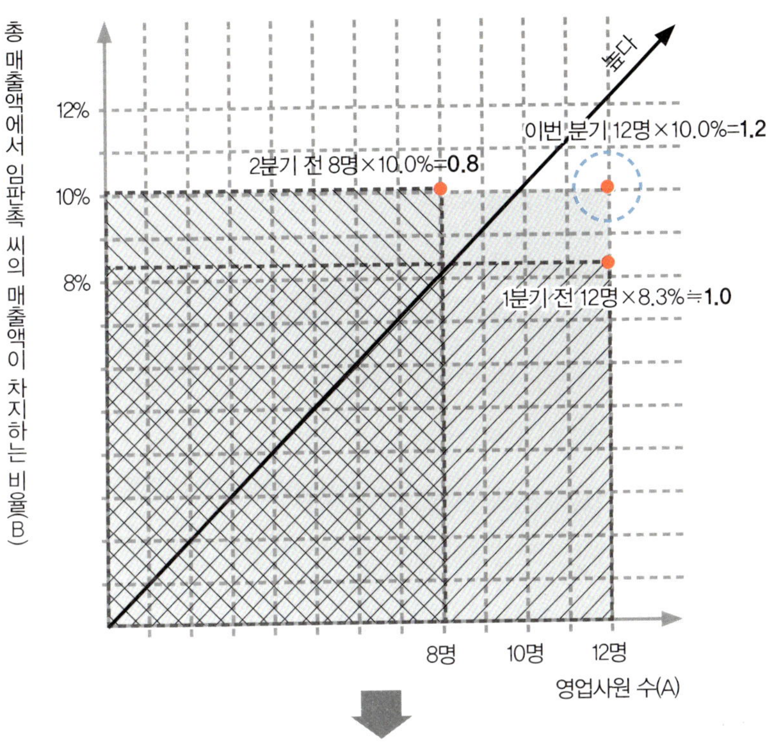

임판촉 씨의 영업실적은 매년 상승해서
이번 분기는 1.2가 되었다

도표의 특징

〈점 그래프〉는 선택하는 지표에 따라서 다양하게 그릴 수 있다

Step 01 **유사점 찾기 – 매출액과 관련된 것으로 고른다**

이번 분기와 1분기 전 그리고 2분기 전 실적을 비교했다.

Step 02 **차이점 찾기 – 수치화할 수 있는 항목을 찾는다**

이번 분기와 1분기 전을 비교하면 임판촉 씨의 매출액은 각각 10억으로 차이가 없다.

반면 영업사원 수는 같은데 총 매출액은 120억에서 100억으로 줄었다. 이는 이번 분기의 국내 경기가 나빠졌기 때문이다. 영업환경이 악화됐지만 임판촉 씨는 10억의 매출을 유지했으니 다른 영업사원과 비교해 더 잘했다고 볼 수 있다.

즉, 이번 분기와 1분기 전을 비교했을 때 '총 매출액에서 임판촉 씨의 매출액이 차지하는 비율'이 차이점이 된다.

다음으로 이번 분기와 2분기 전을 비교해보자. 총 매출액과 임판촉 씨의 매출액에는 변화가 없지만, 영업사원 수는 늘어났다. 즉, **'영업사원 수'**에서 차이가 난다.

여기서 **'영업사원 수'**(A)와 '총 매출액에서 임판촉 씨의 매출액이 차지하는 비율'(B)이라는 두 가지 키워드가 나왔다.

이들은 어떤 관계가 있을까?

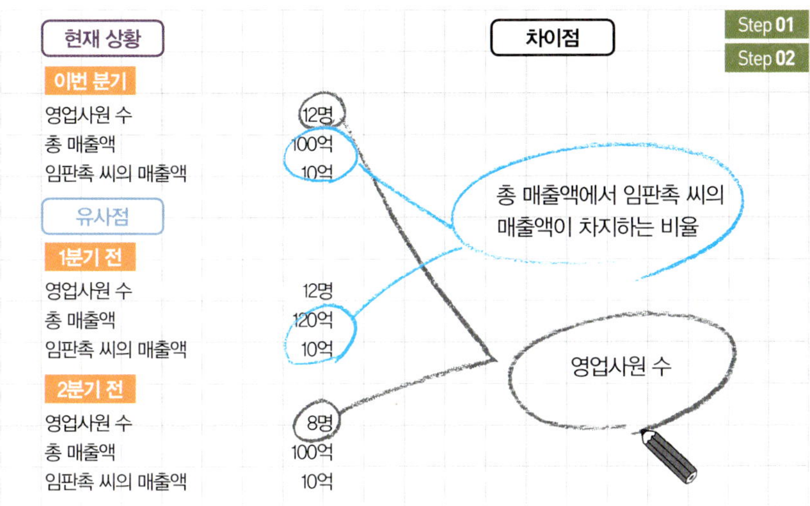

분기	영업사원 수(A)	총 매출액에서 임판촉 씨의 매출액이 차지하는 비율 (B)	임판촉 씨의 영업실적 (A)×(B)
이번 분기	12명	10%	1.2
1분기 전	12명	약 8.3%	1.0
2분기 전	8명	10%	0.8

❶ **영업사원 수**(A)가 같고, 총 매출액에서 임판촉 씨의 매출액이 차지하는 비율(B)이 커지면 회사 영업실적에서 임판촉 씨가 차지하는 비중이 커진다

❷ **영업사원 수**(A)가 늘어나면 총 매출액에서 임판촉 씨의 매출액이 차지하는 비율(B)이 변하지 않아도 임판촉 씨의 영업실적은 높아진다

A가 일정하면, B의 비율이 커질수록 임판촉 씨의 영업실적은 높아진다. 또한 A가 늘어나면, B가 같은 비율을 유지해도 임판촉 씨의 영업실적이 높아져 그만큼 임판촉 씨는 전체 매출에 기여할 수 있다.

다시 말해, 임판촉 씨의 영업실적은 **'영업사원 수** × 총 매출액에서 임판촉 씨의 매출액이 차지하는 비율'(A×B)로 나타낼 수 있다.

또한 1.0이라는 값은 평균적인 영업실적의 유지를 뜻하므로 A×B의 값은 다른 영업사원과 비교한 '임판촉 씨의 영업실적(총 매출액 대비 공헌도)'을 나타낸다.

Step 03 도표 그리기 – 수치화할 수 있으니 〈점 그래프〉를 선택한다

A와 B, 두 키워드는 '인과관계가 없고', '중복되지 않으며', '세 항목 이상이 아니다'라는 특징이 있다. 또한 모두 '수치화할 수 있으므로' 〈점 그래프〉가 적당하다.

Step 04 분석하기 – 영업을 수치화해서 도표에 나타낸다

이번 분기는 **'영업사원 수'**가 1분기 전과 같은데, '총 매출액에서 임판촉 씨의 매출액이 차지하는 비율'이 그때보다 조금 커졌다.

1분기 전의 영업실적(A×B)은 1.0으로 평균에 머무르다가 이번 분기는 1.2로 평균을 웃돌아 임판촉 씨의 공헌도가 높아졌다고 할 수 있다.

• 영업실적이란

영업사원 수가 10명인 경우
모든 영업사원이 달성한 매출액이 총 매출액의 10%씩을 차지했다고 보면,
10명×10%=1.0 즉, 1.0이 평균 매출액 비율이 된다
이를 웃돌면 다른 영업사원보다 영업을 더 많이 했다는 뜻이다

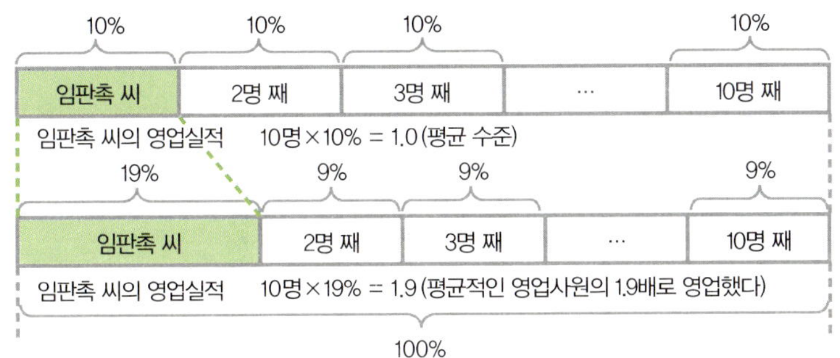

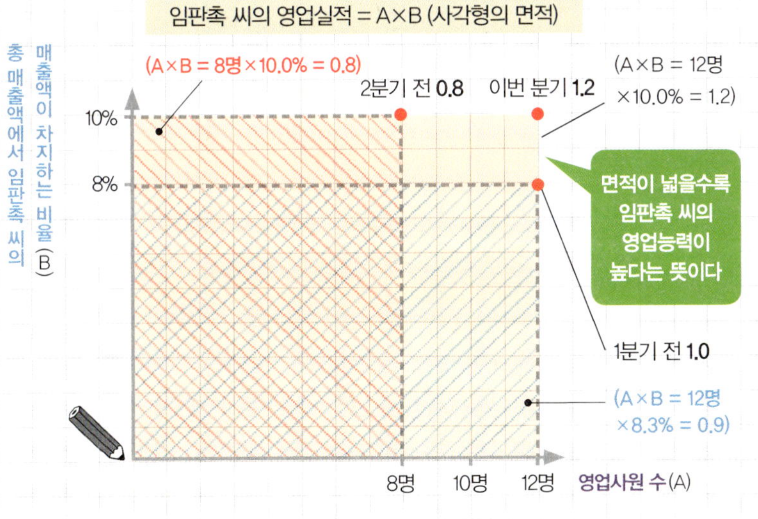

2분기 전 0.8 < 1분기 전 1.0 < 이번 분기 1.2

어떤 지표를 선택하느냐에 따라 도표가 바뀐다

이 사례에서 설명한 방법 말고도 '임판촉 씨의 매출액' ÷ '일인당 평균 매출액'으로 나타낼 수도 있다. 다음과 같이 식을 변형할 수 있기 때문이다.

총 매출액에서 임판촉 씨의 매출액이 차지하는 비율×영업사원 수

=(임판촉 씨의 매출액÷총 매출액)×영업사원 수

=임판촉 씨의 매출액÷(총 매출액÷영업사원 수)

=임판촉 씨의 매출액÷일인당 평균 매출액

이를 나타낸 〈점 그래프〉에서 대각선보다 왼쪽 위에 있으면 상대적으로 영업실적이 높다는 것을 뜻한다.

이처럼 〈점 그래프〉는 무엇을 지표로 삼느냐에 따라 도표를 그리는 방법과 보는 방법이 달라진다. 지표가 다양한 경우, 자신이 알아보기 쉬운 것을 고르자.

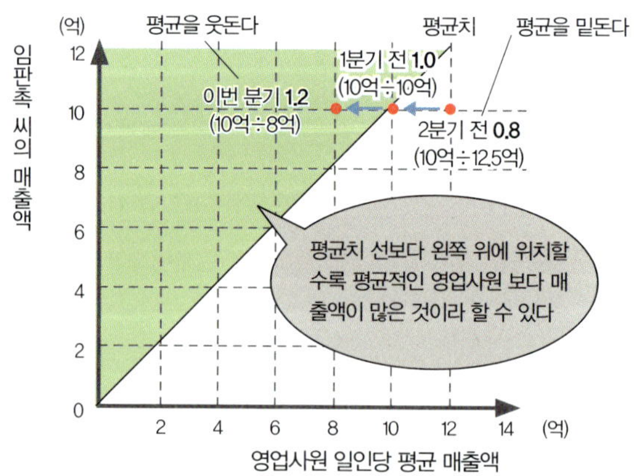

야근에서 벗어나는 법

- '왜?'라고 계속 질문하면서 원인을 향해 거슬러 가다 보면
  문제의 배경, 현재 상황, 근본적인 원인을 알 수 있다.

Question

박미련 씨는 날마다 늦게까지 야근한다. 동료가 전부 퇴근한 텅 빈 사무실에서 혼자 남아 일을 하는 것이다. 그렇다고 박미련 씨에게만 특별히 일이 많은 것도 아니다. 그런데도 왜 박미련 씨는 날마다 야근을 하는 걸까? 근본적인 원인을 찾기 위한 도표를 그려보자.

생각 정리의 실마리

박미련 씨는 야근이 잦은 원인을 자신의 업무 방법으로 보고, 문제가 있다고 여기는 것들을 적어보았다.

- 머리를 쓰는 일과 잡무를 번갈아 한다
- 아르바이트생에게 업무를 부탁하지 못한다
- 시간 배분을 못 한다
- 일이 끊이지 않는다
- 모든 일을 혼자 하려고 한다

• 〈플로 도표〉로 근본적인 원인을 찾는다

업무 방법의 문제점을 살펴보면, 각각 '인과관계가 있다'는 사실을 알 수 있다. 이런 사례는 〈플로 도표〉가 가장 알맞다. 〈플로 도표〉 각 항목의 연관성을 거슬러 가며 그리는 도표다.

이로써 박미련 씨가 야근을 자주 하는 근본적인 원인이 '업무를 관리하기 쉬운 크기로 나누는 데 서투른 것'이라는 사실을 알 수 있다.

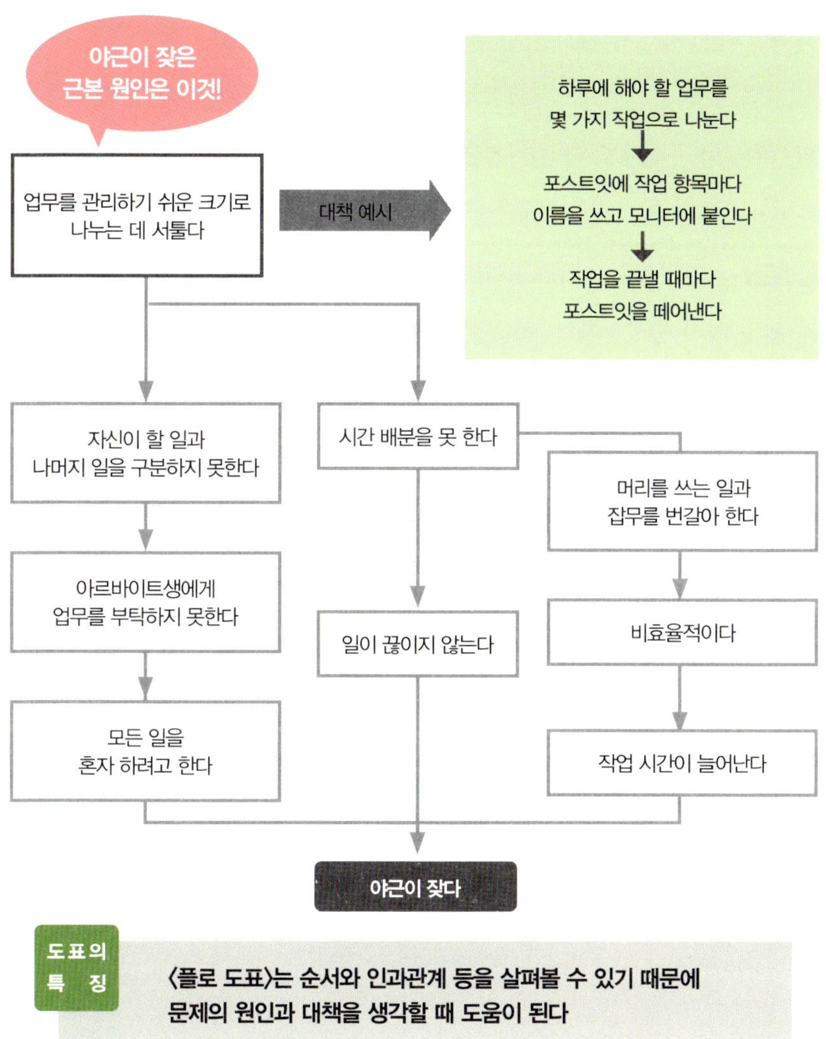

도 표 의 특 징

〈플로 도표〉는 순서와 인과관계 등을 살펴볼 수 있기 때문에 문제의 원인과 대책을 생각할 때 도움이 된다

Step 01 유사점 찾기 – 업무상 문제점을 나열한다

박미련 씨는 자신이 '일하는 방법'에 문제가 있다고 생각했다. 그래서 업무 처리 방법 중에서 서투르거나 매끄럽지 못하다고 느끼는 점을 종이에 써보았더니, 잦은 야근 외에도 다섯 가지 문제점이 더 나왔다.

Step 02 차이점 찾기 – 어떤 관계인지 생각한다

총 여섯 가지 문제점에는 서로 인과관계가 있다.

'아르바이트생에게 업무 부탁하지 못하기(원인)' 때문에 '모든 일을 혼자 하게 되고(결과)', '시간 배분을 못하기(원인)' 때문에 '일이 끊이지 않고(결과)', 당시 기분에 따라 '머리를 쓰는 주요 업무와 잡무를 번갈아(결과)'하는 것이다.

Step 03 도표 그리기 – 인과관계를 거슬러 가 〈플로 도표〉를 그린다

여섯 가지 문제점에는 '인과관계'가 있으니 〈플로 도표〉가 적당하다. 도표를 그려보면 오른쪽과 같이 되는데 군데군데 애매한 부분이 보인다.

'머리를 쓰는 일과 동시에 번갈아'하면 어떻게 될까? 예를 들어 출장비 정산처럼 복잡한 일을 하다가 중간에 책상 정리처럼 간단한 일을 하면 머리 쓰는 일의 맥이 끊긴다. 즉, 집중력이 떨어져서 비효율적이다(단계 I).

일을 비효율적으로 하면 당연히 야근도 잦아지므로 오른쪽 표의 '?' 부분에는

업무 방법상의 문제점을 쓰고 그 관계를 살펴본다

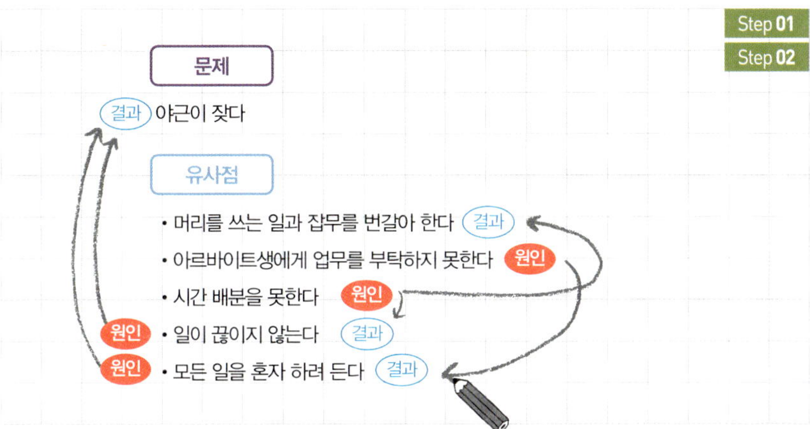
Step 01
Step 02
문제
결과 야근이 잦다
유사점
• 머리를 쓰는 일과 잡무를 번갈아 한다 결과
• 아르바이트생에게 업무를 부탁하지 못한다 원인
• 시간 배분을 못한다 원인
원인 • 일이 끊이지 않는다 결과
원인 • 모든 일을 혼자 하려 든다 결과

각 항목의 인과관계를 〈플로 도표〉로 그린다

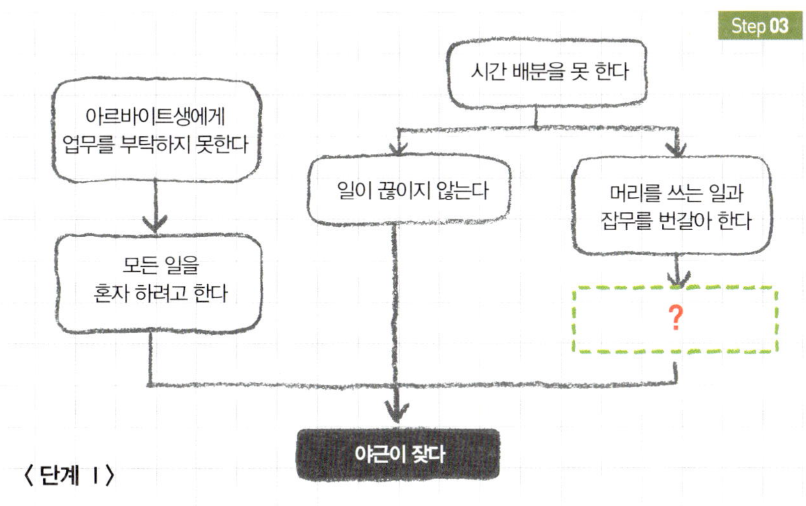
Step 03
시간 배분을 못 한다
아르바이트생에게
업무를 부탁하지 못한다
일이 끊이지 않는다
머리를 쓰는 일과
잡무를 번갈아 한다
모든 일을
혼자 하려고 한다
?
야근이 잦다
〈 단계 I 〉

'비효율적이다 → 작업 시간이 늘어난다'가 들어간다(단계 Ⅱ).

또한 '아르바이트생에게 업무를 부탁하지 못하는 것'은 '자신이 할 일과 나머지 일을 구분하지 못하기' 때문이라고 판단된다.

더 거슬러 가면 '업무 성격을 구분하지 못하는 것'과 '시간 배분을 못 하는 것'은 '업무를 관리하기 쉬운 크기로 나누는 데 서툴다'라는 문제에서 출발한다고 볼 수 있다. (단계 Ⅲ).

Step 04　분석하기 – 가장 아래의 항목에 초점을 맞춘다

이처럼 〈플로 도표〉로 '야근이 잦은 원인'을 찾아 거슬러 가면 '업무를 관리하기 쉬운 크기로 나누는 데 서투르다'라는 박미련 씨의 결점이 뚜렷해진다. 이것이 야근을 자주하는 근본적인 원인이다.

그래서 박미련 씨는 출근하면 그날 할 일을 나열한 다음, 포스트잇에 각 작업을 따로 써서 모니터에 붙였다. 작업이 끝날 때마다 떼어내면서 업무 진행 상황을 관리했다.

그날 처리해야 할 일을 한눈에 알 수 있기 때문에 우선순위를 정하기 쉽고, 아르바이트생에게 일을 맡기기도 수월해졌다. 그 결과 야근도 확 줄었다.

〈플로 도표〉를 깔끔하게 정리하자

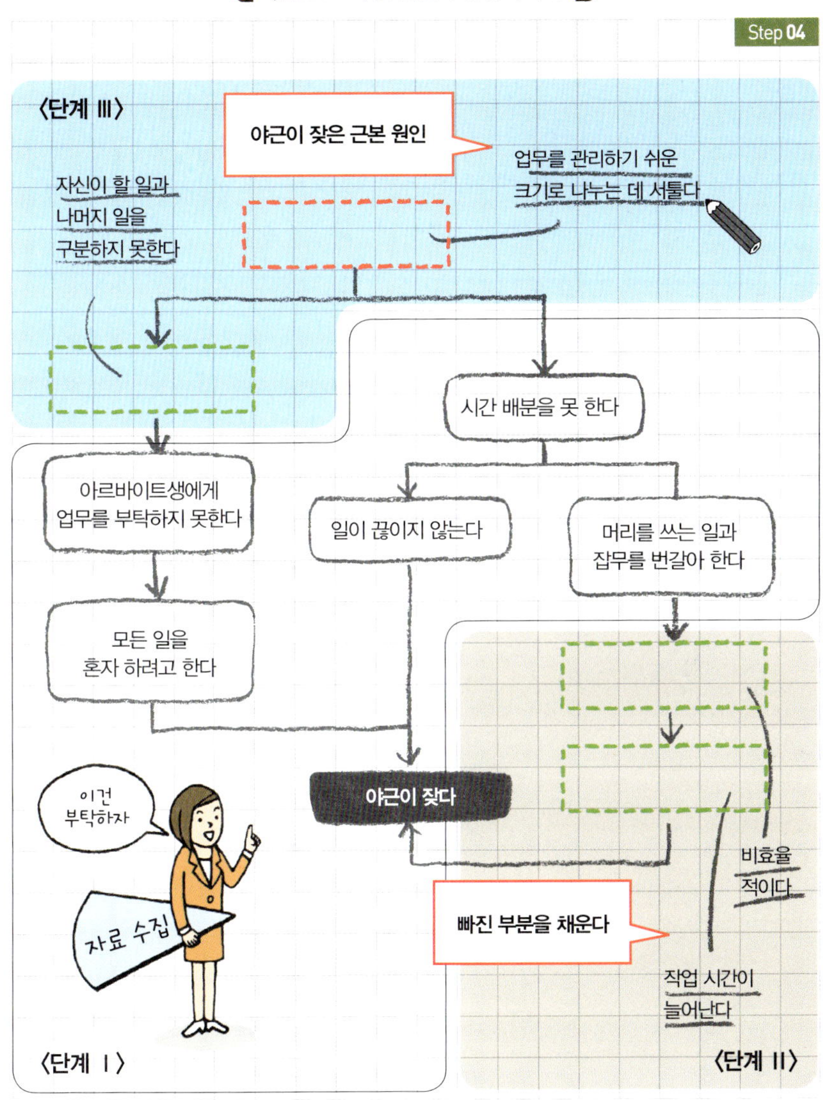

필요 없는 '공통점'은 생략하라

이번 사례에서 '유사점'들을 생각나는 대로 나열했더니 인과관계에 비약이 발생했다.

몇 항목을 추가해 모두 〈플로 도표〉에 반영했다.

하지만 반드시 모든 문제점을 다 포함해야 하는 것은 아니다. 이번 사례를 예로 들자면 '잦은 야근'과 상관없는 내용은 '유사점'이라도 빼는 게 좋다.

또한 '야근이 잦은 원인'을 찾는 상황에서는 야근의 결과로 발생하는 내용도 필요 없다.

'유사점'은 구체화하려는 상황이나 문제와 비교하려는 목적으로 찾는 것이니 불필요한 내용은 생략하는 게 좋다.

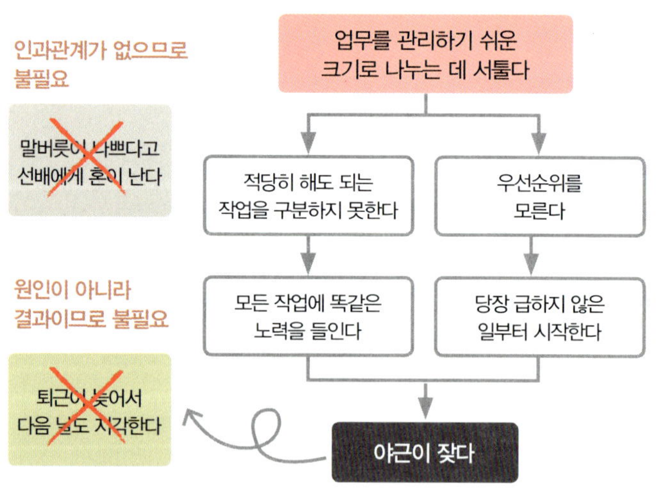

'대책검토 도식' 연습 문제

이번에는 '대책검토 도식'을 작성해보자. 여기서도
마찬가지로, 사용하는 도표는 다섯 가지다. 이 장
에서는 다섯 가지 사례를 배우면서 도표를 어떻게
작성해야 하는지 요령을 익힐 수 있을 것이다.

회의를 일찍 끝내는 방법

- 회의가 길어지는 이유는 무엇일까?
- 일단 생각나는 것부터 써서 도표로 그리자.

 **Question**

박 과장은 무역회사에 근무하는 중견 직장인이다. 그는 매월 첫째 주 월요일만 되면 스트레스를 심하게 받는다. 그가 진행하는 정기 영업 회의가 항상 정해진 시간보다 훨씬 늦게 끝나기 때문이다.

오늘도 실속 없는 '말꼬리잡기식 토론'이 이어졌다. 생산적이고 효율적인 회의를 하고 싶지만 좋은 수가 떠오르지 않아 답답하다. 이 문제의 대책을 세우려면 어떤 도표가 좋을까?

생각 정리의 실마리

박 과장의 고민은 다음과 같다.

- 회의에 지각하는 사람이 많다
- 자료 준비가 늦다
- 자료가 많다
- 발표자가 많다
- 토론이 진행되지 못하고 같은 내용만 맴돌 때가 많다

• 〈트리 도표〉를 쓰면 누락 혹은 중복되지 않는 대책을 세울 수 있다

이 경우는 회의가 늦게 끝나는 원인을 ①회의 시작 시각이 늦고, ②보고 시간이 길며, ③토론 시간이 길다는 세 가지 항목으로 나눠 대책을 검토한다.

① ~ ③은 서로 '인과관계가 없고', '중복되지 않으며', '세 항목 이상'이므로 〈트리 도표〉로 정리하면 좋다.

그 다음 도표의 여덟 가지 규칙에 대해 회의 참가자들이 충분히 알 수 있도록 사전에 공지함으로써 이 문제를 해결할 수 있다.

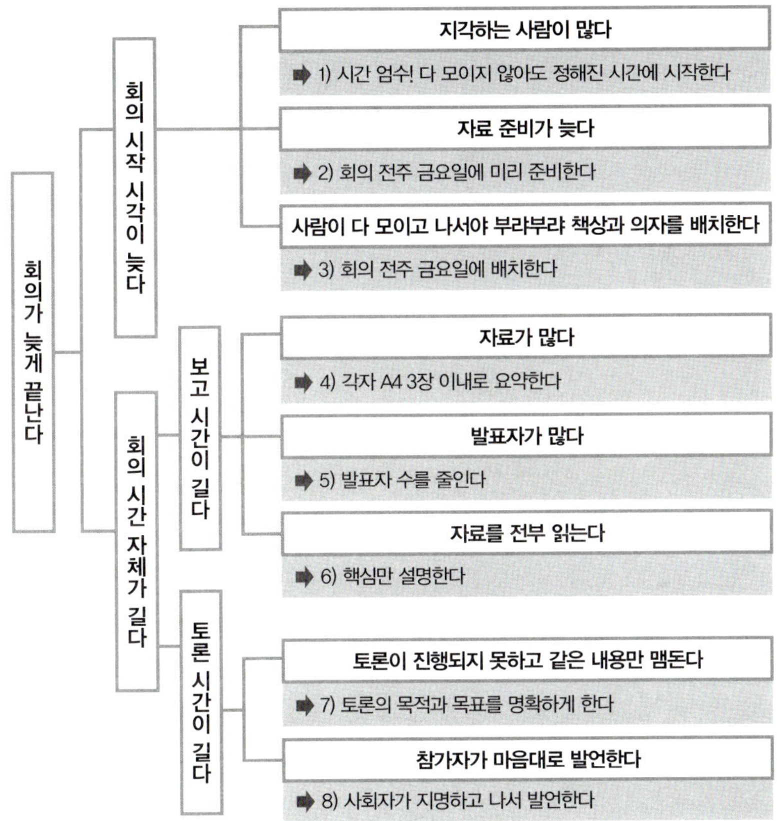

도표의 특징

〈트리 도표〉는 누락이나 중복되는 항목을, 원인을 찾아 쉽게 대책을 세울 수 있다

`Step 01` **개별 항목으로 분해하기 – 처음에는 완벽한 정보를 쓰지 않아도 된다**

먼저 머릿속에 떠오른 문제점을 종이에 써보자. 이것이 Step ① '개별 항목으로 분해하기'다.

물론 이때 쓴 문제점은 순간적으로 떠오른 생각들을 나열한 것이기 때문에 몇 가지가 빠질 수 있겠지만, 우선 이 다섯 가지(오른쪽 표의 항목)를 기본으로 생각한다.

`Step 02` **관계성 살피기 – 분류한 그룹끼리의 관계를 찾는다**

써낸 정보의 공통 항목을 찾아 몇 가지 그룹으로 나누어보면 **'회의 시작'**, **'보고 시간'**, **'토론'** 등 세 가지다.

이 세 개 그룹과 '회의가 늦게 끝나는 것'과는 어떤 관계가 있을까?

회의를 늦게 시작해 보고와 토론이 길어지면 결과적으로 회의가 끝나는 시간도 늦어진다. 즉, **'회의를 늦게 시작한다'**, **'보고 시간이 길다'**, **'토론 시간이 길다'** 등 세 가지가 '회의가 늦게 끝나는 원인'이다.

`Step 03` **도표 그리기 – 〈트리 도표〉로 정리한다**

세 가지 키워드는 '인과관계가 없고', '중복되지 않으며', '세 항목 이상'이므로 〈트리 도표〉가 적당하다.

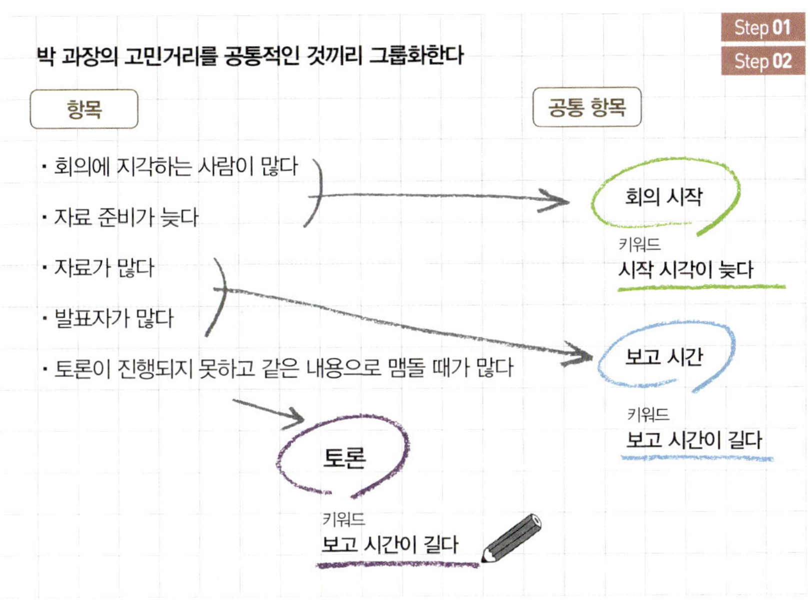

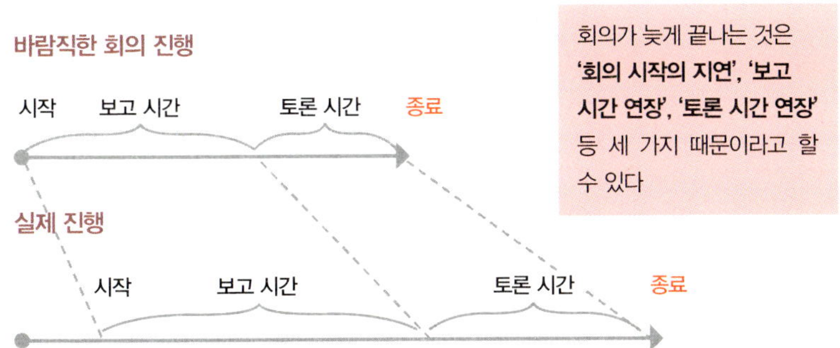

회의가 늦게 끝나는 것은 '회의 시작의 지연', '보고 시간 연장', '토론 시간 연장' 등 세 가지 때문이라고 할 수 있다

'보고 시간'과 '토론 시간'은 모두 회의 시간에 포함되므로 먼저 합친 뒤에 다시 세부적으로 나누는 편이 알기 쉽다.

'회의 시작', '보고 시간', '토론' 이 세 가지를 기본 가지로 해서 그 밑에, 처음에 적은 다섯 가지 문제점을 도표에 써넣은 다음 다른 문제는 없는지 생각한다.

'회의 시작이 늦는 이유'는 '사람이 다 모이고 나서 책상과 의자를 배치하는 점', '보고 시간이 길어지는 이유'는 '자료를 한 줄 한 줄 모두 읽는 점', '토론 시간이 길어지는 이유'는 '참가자가 허락도 받지 않고 발언하는' 등 정리되지 않아 전체적으로 혼란스러운 상황 등을 짐작할 수 있다. 이것도 전부 도표에 써넣자.

Step 04 **대책검토하기 – 〈트리 도표〉는 대책을 검토하기도 편리하다**

문제의 근본 원인이 확실해지면 대책을 세우기 쉬워진다. 각 원인에 따라 하나씩 해결책을 마련하면 되기 때문이다.

우선, 회의 참가자에게 '시간 엄수'와 '지명 후 발언'이라는 규칙을 확실히 지키도록 하고, 발표자는 회의 전주 금요일까지 자료를 준비하고, 분량은 A4 3장 이내로 핵심만 설명하게 한다.

또한 사회를 보는 박 과장은 회의 전주 금요일에 회의실의 책상과 의자를 미리 배치하고, 회의하는 목적과 목표를 분명하게 숙지하며 발표자 수를 한정한다.

◀ 〈트리 도표〉의 내용을 보충한다 ▶

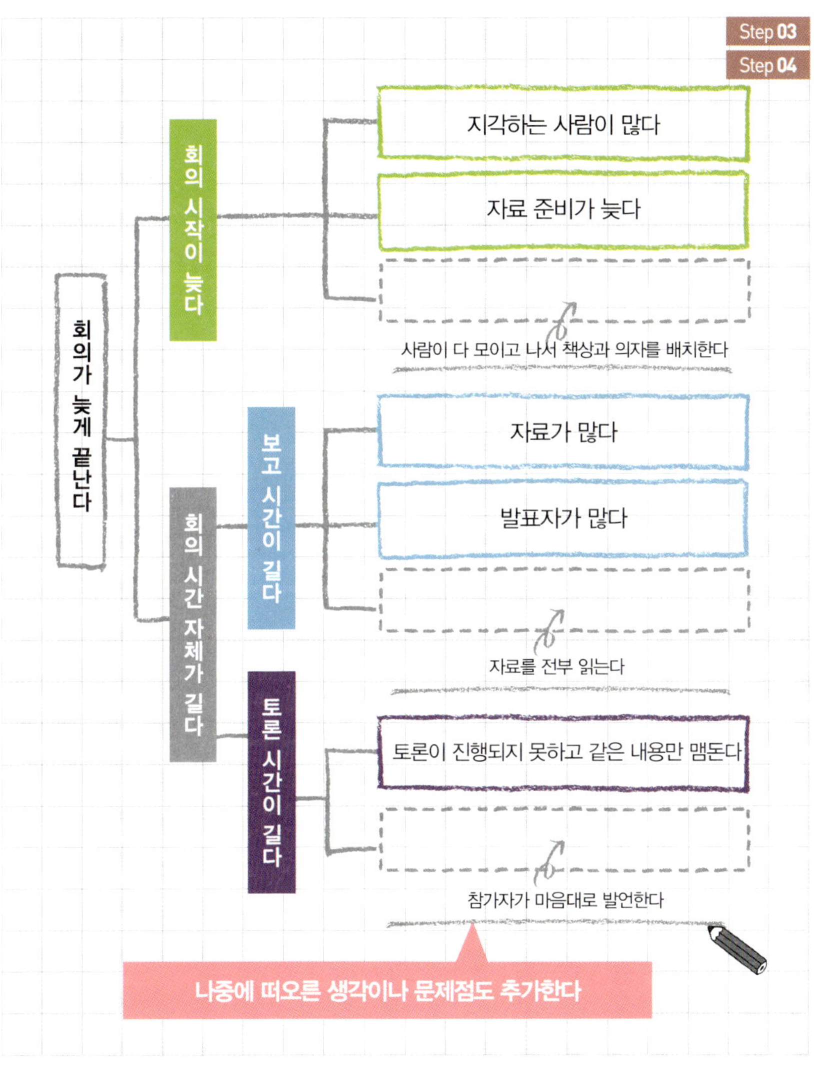

〈트리 도표〉의 기본 가지에 없는 항목이 나오면 어떻게 할까?

처음에 다섯 가지 문제점을 나열하고, 거기에 세 가지를 추가했다. 이 사례에서는 기본 가지에 내용을 추가하기 쉬웠지만, 가지에 포함시키기 어려운 항목이 생각나면 어떻게 해야 하는지 알아보자.

〈트리 도표〉는 정답을 찾는 것보다 어디까지나 자신의 생각을 정리하는 것이 목적이다. 따라서 성격이 다른 항목이라도 생략하지 말고 가지를 추가해서 〈트리 도표〉를 수정한다.

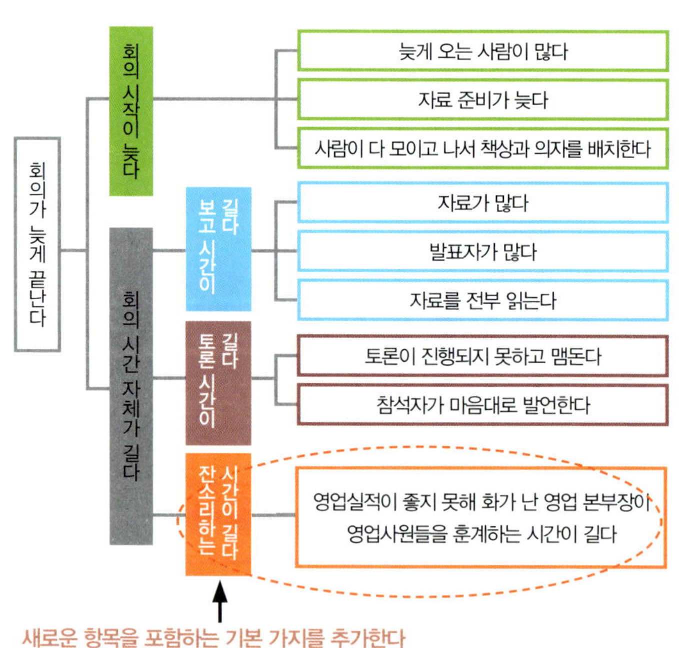

부하직원에게 지시 내용
제대로 전달하기

- 다양한 의견을 한곳에 모으기 좋은 도표는?
- 키워드를 알면 대책이 보인다.

 **Question**

이 과장은 고민이 많다. 업무 지시를 내려도 부하직원이 지시대로 일을 하지 않기 때문이다. 그것도 한두 사람이 아니라 거의 모든 부하직원이 그렇다. 이 과장은 요즘 자신의 지시 방법에 문제가 있지 않을까 의심하고 있다.

당장이라도 개선하고 싶은 마음이 굴뚝같은 이 과장에게는 어떤 도표가 좋을까?

생각 정리의 실마리

이 과장은 자신의 지시 방법에 어떤 문제가 있는지 알기 위해 부하직원들에게 솔직한 의견을 물어보았다. 그리고 다음과 같은 답을 얻었다.

- 비논리적으로 설명한다
- 지시 내용이 자꾸 바뀐다
- 가끔 회사 방침에 어긋나는 지시를 내린다
- 일의 목적을 모르겠다
- '그것', '저것'처럼 구체적이지 못한 지시어가 많다

- **〈벤다이어그램〉은 다양한 의견을 한곳에 모으기 좋다**

이 과장의 지시 내용이 부하직원에게 제대로 전달되지 못하는 이유는 '신뢰성이 낮다', '지시 용어가 명확하지 않다'라는 두 가지 키워드로 나타낼 수 있다. 여기에는 명확한 '인과관계가 없고' 서로 '중복되고 있기' 때문에 〈벤다이어그램〉으로 정리하는 것이 적절하다.

이를 도표로 나타내면 다음과 같다.

효과적으로 지시하기 위한 두 가지 방법

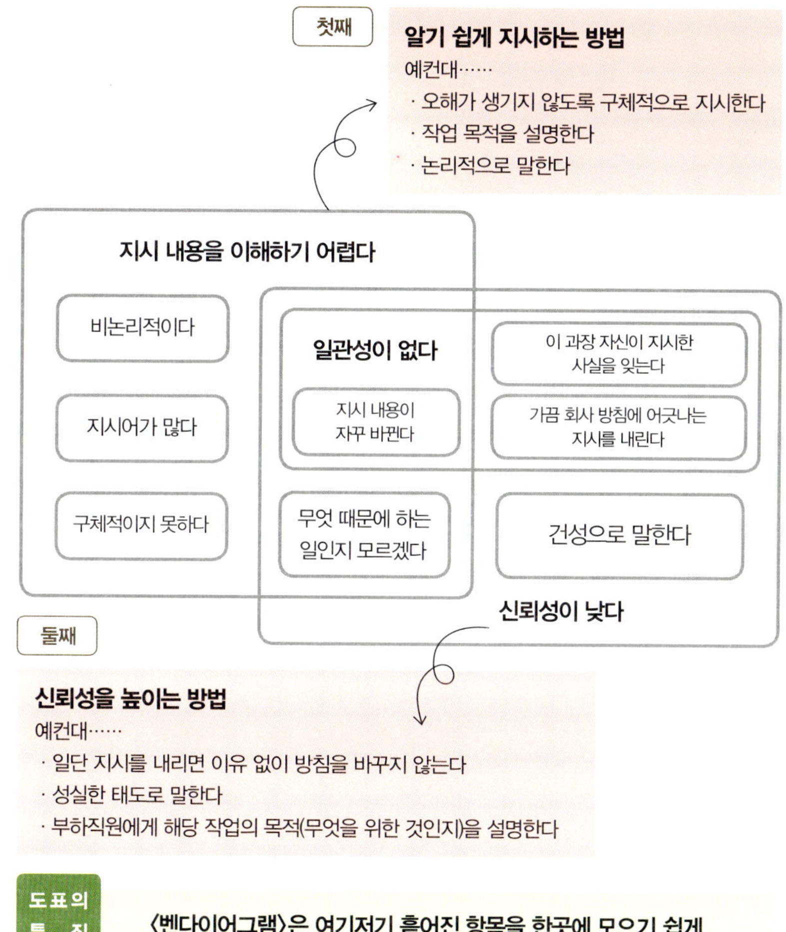

도표의 특징

〈벤다이어그램〉은 여기저기 흩어진 항목을 한곳에 모으기 쉽게 그룹화하고, 핵심을 집어내 대책을 세우기 쉽다

Step 01 **개별 항목으로 분해하기 – 지시 방법의 문제점을 쓴다**

우선 이 과장의 지시 방법에서 문제점을 찾아 나열한다.

Step 02 **관계성 살피기 – '영향'을 중심으로 살핀다**

나열한 내용을 몇 개의 그룹으로 나눈다. 부하직원이 지적한 문제점이 어떤 '영향'을 미치는지 잘 생각해보아야 한다.

우선 '비논리적으로 설명한다', '지시 내용이 자꾸 바뀐다', '지시하는 일의 목적을 모르겠다', '지시어가 많다'라는 문제는 **'지시 내용을 이해하기 어렵다'**라는 가능성이 있다.

'지시 내용이 자꾸 바뀐다', '가끔 회사 방침에 어긋나는 지시를 내린다'라는 문제는 부하에게 **'일관성이 없다'**라는 인상을 심어줄 수 있다.

또한 위의 두 가지에 '무엇 때문에 하는 일인지 모르겠다'라는 점까지 더하면 **'신뢰성이 떨어진다'**라는 문제를 제기할 수 있다.

이상으로 이 과장의 문제점을 **'지시 내용을 이해하기 어렵다'**, **'일관성이 없다'**, **'신뢰성이 떨어진다'**라는 세 가지 키워드로 정리했다.

Step 01

항목

· 비논리적으로 설명한다

· 지시 내용이 자꾸 바뀐다

· 가끔 회사 방침에 어긋나는 지시를 내린다

· 지시하는 일의 목적을 모르겠다

· '그것', '저것'처럼 구체적이지 못한 지시어가 많다

허술한 지시 때문에 생기는 문제점을 그룹화한다

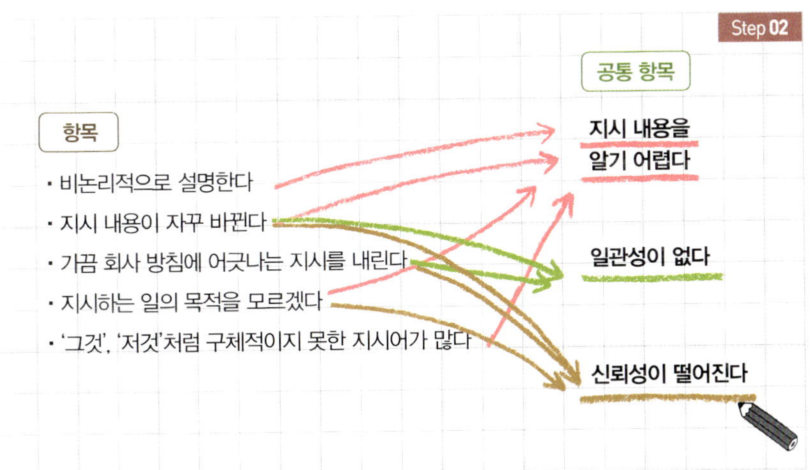

Step 03 **도표 그리기 – 〈벤다이어그램〉으로 흩어진 항목을 한곳에 모은다**

세 키워드는 개념이 비슷하고, 서로 영향을 주고받지만 뚜렷한 '인과관계'는 없다. 게다가 중복되는 내용이 있으니 〈벤다이어그램〉이 적당하다.

Step 04 **대책검토하기 – 키워드마다 대책을 생각한다**

이 과장은 자신이 작성한 〈벤다이어그램〉을 보면서 **'일관성이 없다'**, **'신뢰성이 떨어진다'**라는 문제의 원인이 뭔지 곰곰이 생각했다. 그러다 '자신이 지시한 사실을 잊는다'라는 결론을 내렸다.

또 부하직원의 말 외에도 이 과장이 생각한 문제로 '건성으로 말한다', '구체적이지 못하다'라는 점도 추가했다.

이렇게 〈벤다이어그램〉을 완성하자, 자신의 지시 방법은 '내용을 이해하기 어렵고', '신뢰성이 떨어질 가능성이 있다'는 사실도 알았다.

이 문제를 해결하면 부하직원의 능률도 올라갈 것이다. 그래서 알기 쉽게 지시할 방법과 신뢰성을 높여 지시할 방법을 고안해 도표에 추가했다(87쪽 참조).

새로 깨달은 점을 추가해서 깔끔하게 정리한다

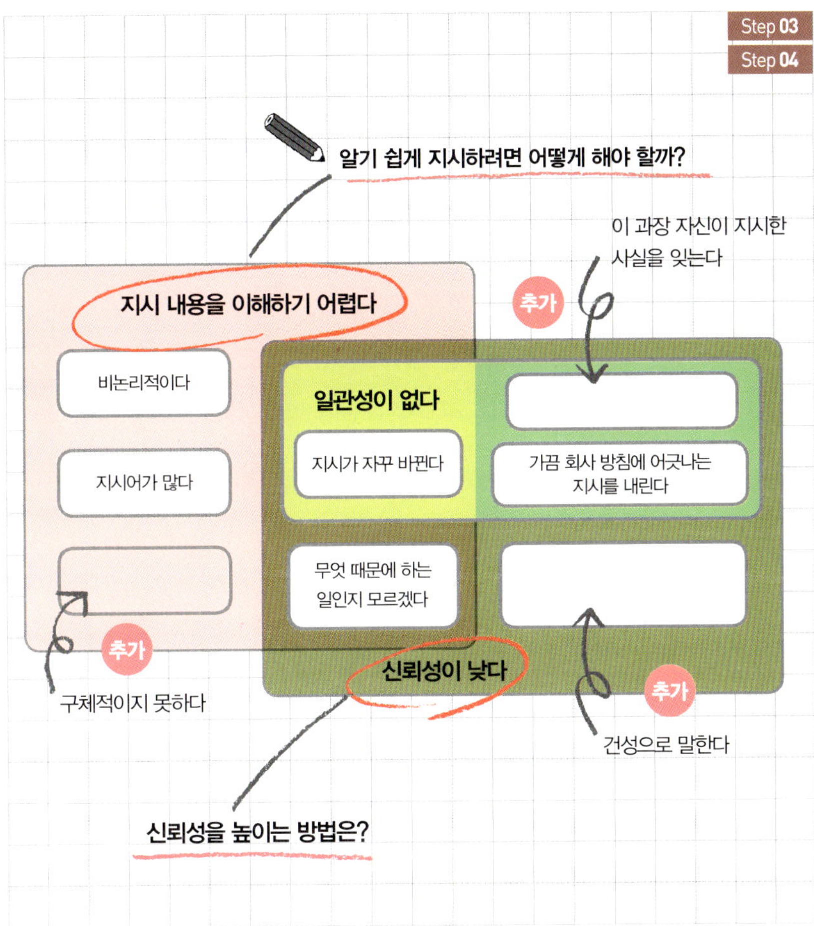
Step 03
Step 04
알기 쉽게 지시하려면 어떻게 해야 할까?
이 과장 자신이 지시한 사실을 잊는다
지시 내용을 이해하기 어렵다
추가
비논리적이다
일관성이 없다
지시가 자꾸 바뀐다
가끔 회사 방침에 어긋나는 지시를 내린다
지시어가 많다
무엇 때문에 하는 일인지 모르겠다
추가
신뢰성이 낮다
추가
구체적이지 못하다
건성으로 말한다
신뢰성을 높이는 방법은?

그룹화하는 기준으로는 무엇이 좋을까?

그룹화를 하려면 나열한 내용에서 공통 항목을 찾아야 하는데, 이를 쉽게 하는 방법이 있을까?

이번 사례에서는 '지시 내용이 자꾸 바뀐다', '비논리적이다'라는 것들이 이 과장의 문제점이라 생각하고 이 과장의 지시가 부하에게 미치는 '영향'을 중심으로 그룹화했다.

사태 수습이 시급한 상황이라면 사례와 마찬가지로 '영향'에 초점을 맞추는 것이 좋다.

만약 문제를 체계적으로 정리해 합리적인 대책을 세우려 한다면 문제의 '특성'에, 상황을 근본적으로 개선해 문제를 해결하는 것이 목적이라면 '원인'에 초점을 맞춘다.

기준은 상황마다 다르다. 따라서 도표의 목적을 생각하면서 그룹화하는 것이 중요하다.

• 그룹화의 기준

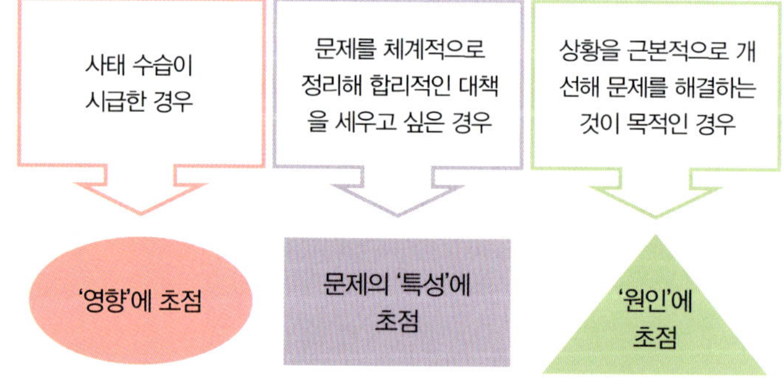

납품일을 못 맞추는 이유는 무엇일까?

- 힌트! 실패한 사례를 그룹화하자.
- 핵심은 어떤 시점으로 보느냐다.

 **Question**

유 대리는 OA기기 판매회사에서 복사기나 프린터를 고객에게 납품하는 일을 하는데, 얼마 전부터 약속한 납품일을 지키지 못할 때가 많았다. 그러다 문제가 생겼다. 단골 거래처에서 불만을 제기한 것이다. "일전에 프린터를 주문했을 때도 자넨 납품일을 못 지켰지. 계속 이런 식이면 앞으로 자네 회사와 거래하는 것을 다시 생각해야겠군"이라며 목소리를 높였다.

유 대리도 계속 이런 식이라면 회사에서도 신뢰가 떨어질 것 같다는 불안감을 느꼈다. 납품일을 못 맞추는 유 대리에게는 어떤 도표가 좋을까?

생각 정리의 실마리

납품일을 못 지킨 상황을 떠올리며 원인을 써 보았더니 다음과 같았다.

- 납품일을 잊었다
- 이전 납품처에서 문제가 발생해 발목이 묶였다
- 배달 중 길을 헤맸다
- 납품할 제품이 본사에서 도착하지 않았다

• 〈매트릭스〉로 원인별 대책을 세운다

이번 사례에서는 납품일을 지키지 못한 원인을 '문제가 발생한 시기(배달 전/배달 중)'와 '책임 소재(자신의 실수/불가항력)' 등 두 가지 시점으로 정리한다.

이 두 가지는 '인과관계가 없고', '중복되지 않으며', '세 항목 이상이 아니고', '수치화할 수 없으므로' 〈매트릭스〉가 적당하다.

그 결과 네 가지 원인을 찾았고, 그에 알맞은 대책을 생각할 수 있다.

		책임 소재	
		배달 전	배달 중
문제가 발생한 시기	자신(유 대리)의 실수	납품일을 잊었다 **평소에 주의** 일정표를 책상 앞에 붙여둔다	배달 중 길을 헤맸다 **회사를 나오기 전, 미리 준비** 배달 경로를 자세하게 조사한다
	불가항력	납품할 제품이 본사에서 도착하지 않았다 **회사를 나오기 전, 방문처에 미리 연락** 제품이 도착할 예정 시간을 미리 확인하고, 방문처에 연락해 일정을 조정한다	이전 납품처에서 문제가 발생해 발목이 묶였다 **문제가 발생한 곳에서 재빨리 처리** 문제가 발생한 곳에서 다음 방문처에 연락해 도착이 늦어지는 사정을 설명하고, 양해를 구한다

도표의 특징

〈매트릭스〉는 두 가지 시점으로 문제를 보기 위한 도표로서, 원인별로 나누므로 정리하기 쉽다

Step 01 개별 항목으로 분해하기 – 납품일을 못 지킨 원인을 쓴다

과거에 납품일을 지키지 못했던 사례를 써보자.

여러 가지 원인이 중복되는가 하면 하나뿐일 때도 있다. 또한 자주 일어나는 일과 좀처럼 일어나지 않는 일도 있는데, 일단 떠오르는 대로 마음껏 쓴다.

Step 02 관계성 살피기 – 다양한 각도에서 생각한다

원인을 몇 가지 그룹으로 나눈다. 이때 그룹을 어떻게 나눌지 다양한 각도로 생각해보는 것이 중요하다.

여기에 예로 든 네 가지 항목 중에서 두 가지는 '**배달 전**'에 발생한 문제로, 나머지는 '**배달 중**'의 문제로 볼 수 있다(오른쪽 표에서 ①).

한편 다른 각도에서 살펴보면 '**자신의 잘못**'이거나 어쩔 수 없는 '**불가항력**'에 의한 실수로 나눌 수도 있다(오른쪽 표에서 ②).

여기서 '문제가 발생한 시기(**배달 전**, **배달 중**)와 '책임 소재(**자신의 잘못**, **불가항력**)라는 두 가지 키워드를 발견했다.

Step 01

항목

- 납품일을 잊었다
- 배달 중 길에서 헤맸다
- 이전 납품처에서 문제가 발생해 발목이 묶였다
- 납품할 제품이 제때 도착하지 않았다

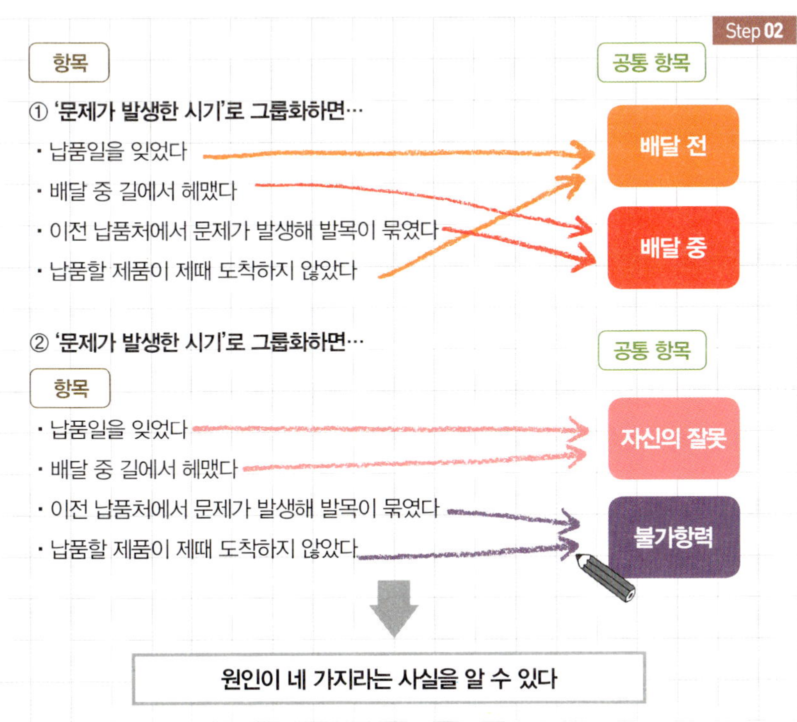

Step 03 도표 그리기 – 〈매트릭스〉로 네 가지 원인을 정리한다

앞서 찾은 두 가지 키워드는 '인과관계가 없고', '중복되지 않으며', '세 항목 이상이 아니고', '수치화할 수 없으므로' 〈매트릭스〉가 적당하다.

문제가 발생한 시기(**배달 전**, **배달 중**)와 책임 소재(**자신의 잘못**, **불가항력**)로 그룹화할 수 있으므로 2×2 〈매트릭스〉가 알맞다.

Step 04 대책검토하기 – 네 가지 원인별 대책을 찾는다

'자신의 잘못'인지 아닌지, 즉 '책임 소재'에 따라서 전혀 다른 대책을 세워야 한다는 사실을 깨달았다.

'자신의 잘못'은 철저하게 준비하면 문제가 발생하지 않지만, '불가항력'은 대비하기 어렵기 때문에 예방보다 사후 처리에 중점을 두어야 한다.

한편 **배달 전**에 발생한 문제와 **배달 중**에 발생하는 문제, 즉 '문제가 발생한 시기'로도 원인을 나눌 수 있다.

따라서 다음 도표처럼 원인을 크게 네 가지로 나눌 수 있고, 여기에 초점을 맞추어 근본적인 대책을 세울 수 있다.

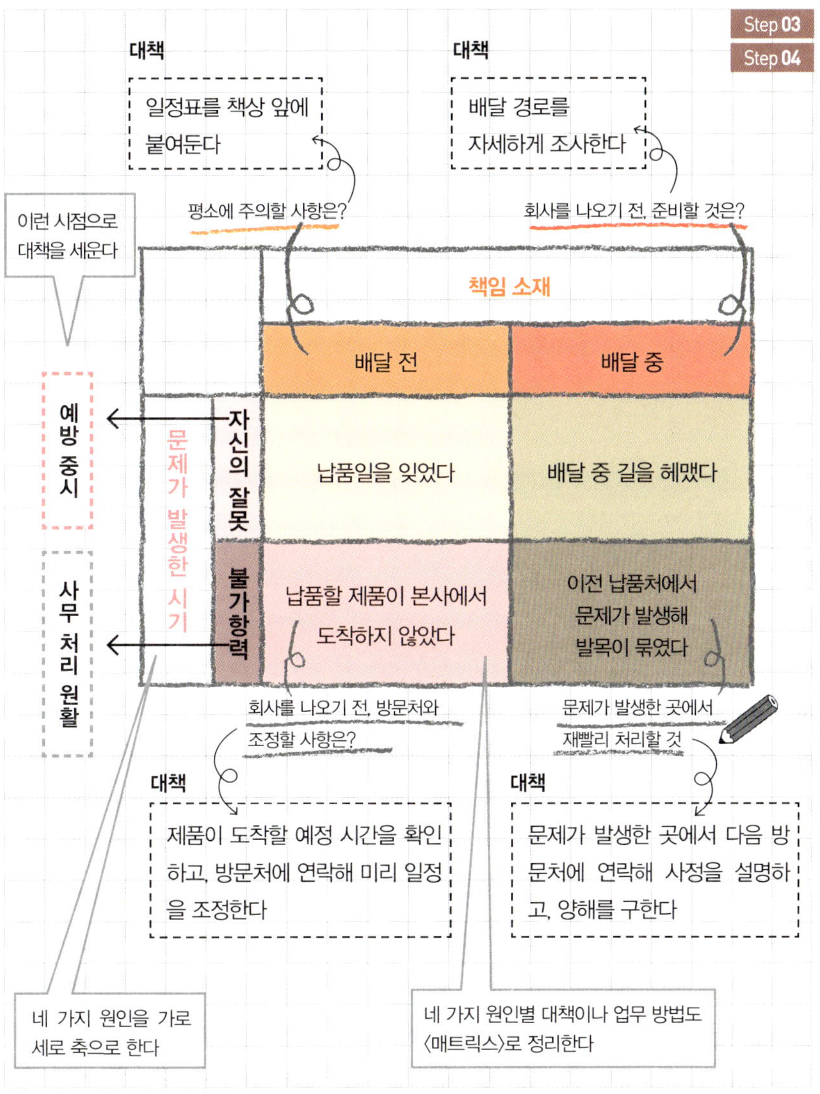
Step 03
Step 04
대책
일정표를 책상 앞에 붙여둔다
대책
배달 경로를 자세하게 조사한다
이런 시점으로 대책을 세운다
평소에 주의할 사항은?
회사를 나오기 전, 준비할 것은?
책임 소재
배달 전
배달 중
예방 중시
문제가 발생한 시기
자신의 잘못
납품일을 잊었다
배달 중 길을 헤맸다
사무 처리 원활
불가 항력
납품할 제품이 본사에서 도착하지 않았다
이전 납품처에서 문제가 발생해 발목이 묶였다
회사를 나오기 전, 방문처와 조정할 사항은?
문제가 발생한 곳에서 재빨리 처리할 것
대책
제품이 도착할 예정 시간을 확인하고, 방문처에 연락해 미리 일정을 조정한다
대책
문제가 발생한 곳에서 다음 방문처에 연락해 사정을 설명하고, 양해를 구한다
네 가지 원인을 가로 세로 축으로 한다
네 가지 원인별 대책이나 업무 방법도 〈매트릭스〉로 정리한다

두 가지 시점은 가능한 한 달리 한다

사람의 눈은 두 개라서 입체적으로 사물을 본다. 〈매트릭스〉도 이와 비슷하다. 두 가지 시점을 사용해 상황과 문제 등을 입체적으로 파악할 수 있다.

사물의 상태를 더 정확하게 보려면 시각을 다양하게 하는 것이 좋다. 따라서 최대한 다른 시점을 찾아내는 것이 중요하다.

이번 사례에서는 '문제가 발생한 시기'와 '책임 소재' 라는 두 가지 시각을 골랐는데, 만약 이것을 '원인의 종류'와 '책임 소재'로 바꾸면 어떨까?

'원인의 종류'와 '책임 소재'라는 시점은 '원인 제공자가 책임을 진다'라는 구조이기 때문에 서로 연관성이 너무 높다. 이렇게 되면 문제를 입체적으로 파악하기 힘들다. 그래서 여기서는 한쪽을 '문제 발생' 에 중점을 두고, 다른 쪽은 '문제 발생 방지'의 시점으로 상황을 파악했다.

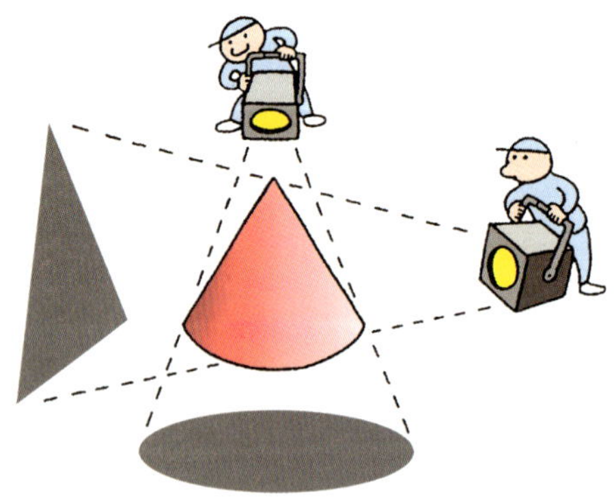

쏟아지는 업무의 우선순위 정하기

- 모든 직장인의 고민을 말끔히 해결한다.
- 우선순위를 정하는 데 가장 적합한 도표는?

Question

건설 회사 신입 영업사원 나허둥 씨는 일이 한꺼번에 들어오면 어쩔 줄 모르고 당황하기 일쑤다. 무엇부터 해야 할지 갈피를 못 잡기 때문이다. 이럴 때 일의 우선순위를 한눈에 알아볼 방법이 있으면 큰 도움이 된다. 어떤 도표가 나허둥 씨의 고민을 해결해줄 수 있을까?

생각 정리의 실마리

나허둥 씨가 현재 처리해야 할 일은 다섯 가지다.

- 사장이 직접 추진하는 전략 프로젝트의 자료를 다음 달 중으로 작성한다
- 샤워기가 고장났다는 고객불만을 처리한다
- 부장이 지시한 영업 할당량 10건 이상을 다음 주 중으로 달성한다
- 선배가 부탁한 고객 방문기록을 다음다음 주 중으로 작성한다
- 각종 서류가 널린 책상을 정리한다

일의 우선순위를 어떻게 정하면 좋을까? 골치 아픈 문제도 '수치화'하면 간단하게 해결된다.

이 사례에서 우선순위는 '시급성(마감이 얼마나 남았는가)'과 '작업 기간(작업 시간이 얼마나 걸리는가)' 이 두 가지로 판단한다.

두 가지 항목은 '인과관계가 없고', '중복되지 않으며', '세 항목 이상이 아니고', '수치화할 수 있으므로' 〈점 그래프〉를 사용한다. 그 결과, 다음 도표에 나타난 순서로 작업을 진행하는 것이 가장 좋다는 결론이 나왔다.

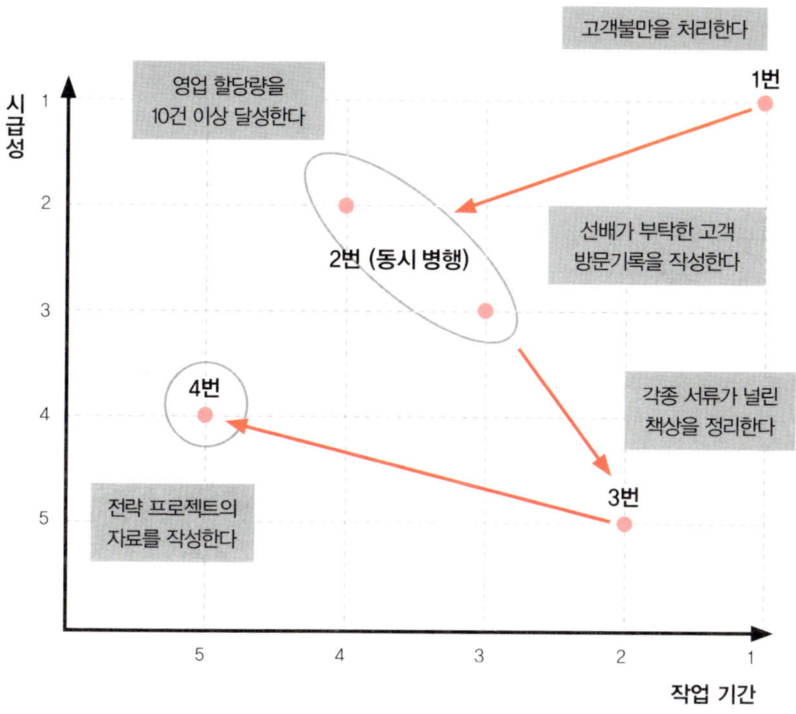

도표의 특징

수치화할 수 있는 정보를 정리해 우선순위를 정하는 데는
〈점 그래프〉가 가장 좋다

 개별 항목으로 분해하기 – '해야 할 일'로 정리한다

나허둥 씨가 처리해야 할 일을 모두 써본다

 관계성 살피기 – 우선순위를 중심으로 그룹화한다

Step ①에서 쓴 항목을 몇 가지 그룹으로 나누어 키워드가 되는 기준을 찾는다.

먼저 고객불만은 바로 처리하는 편이 좋다. 그러나 프로젝트 자료 작성과 영업관련 약속, 고객의 방문기록을 작성하는 것에는 여유가 있다. 책상 정리는 아무 때나 해도 상관없다. 이렇게 볼 때 **'시급성'**, 즉 급한 일이 무엇인가에 따라서 순위를 매길 수 있다.

한편, 프로젝트 자료 작성은 매우 어려운 작업이다. 하루 이틀로 끝나지 않는다. 불만 처리, 방문기록 작성, 책상 정리 등은 몇 시간밖에 걸리지 않는다. 영업 관련 약속은 며칠 정도는 걸린다. 따라서 이 항목들은 작업이 걸리는 시간, 즉 **'작업 기간'**이 기준이 된다.

이처럼 일의 우선순위를 정하는 데 **'시급성'**과 **'작업 기간'**이라는 두 가지 지표를 중심으로 그룹화할 수 있다.

그룹 나누기 ① '시급성'으로 작업 목록을 그룹화

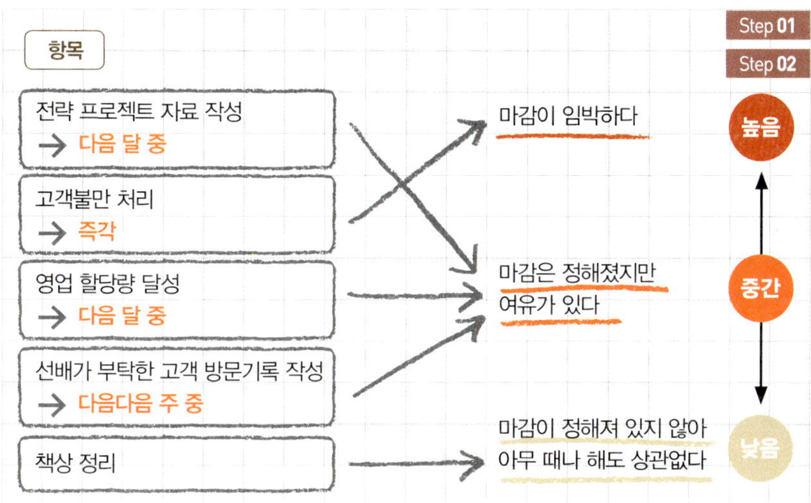

그룹 나누기 ② '작업 기간'으로 작업 목록을 그룹화

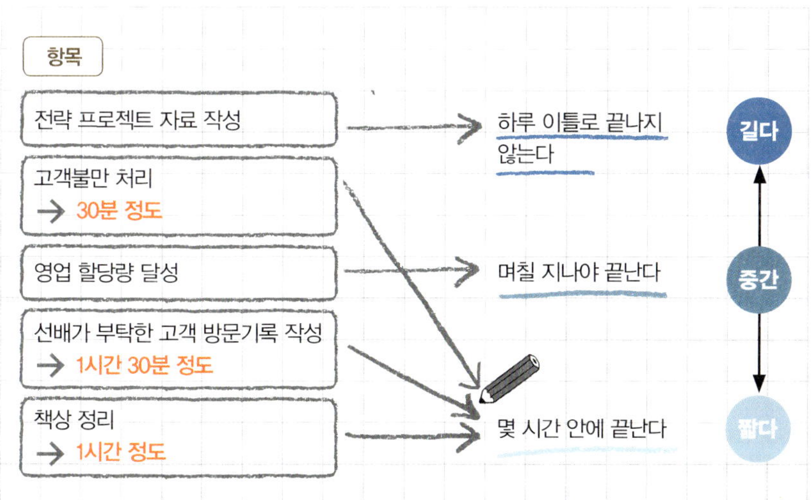

다음으로 두 그룹 모두 작업의 순위를 다섯 가지로 매겨보자. 바로 수치화하기다.

Step 03 **도표 그리기 – 수치화할 수 있으므로 〈점 그래프〉를 그린다**

두 가지 지표는 '인과관계가 없고', '중복되지 않으며', '세 항목 이상이 아니다'. '작업 기간'은 작업 시간이므로 '수치화할 수 있고', '시급성'은 '수치화'하기 어렵지만 가장 긴급한 작업부터 순위를 매기면 수치로 나타낼 수 있다.

따라서 이 사례는 〈점 그래프〉가 적당하다. 두 가지 지표를 각각 가로축과 세로축으로 표시한다.

Step 04 **대책검토하기 – 〈점 그래프〉로 우선순위를 정한다**

〈점 그래프〉를 쓰면 우선순위를 한눈에 알 수 있다.

이 사례의 경우 시급성이 높고, 작업 기간이 짧은 작업일수록 먼저 처리하는 편이 바람직하다. 따라서 〈점 그래프〉의 오른쪽 위에 위치하는 작업부터 순서대로 처리하는 게 좋다.

다시 말해 오른쪽 〈점 그래프〉의 순서로 작업을 진행하는 것이 가장 적합하다 는 결론이 나온다.

Step 02

	시급성 (마감)	작업 기간 (시간)
전략 프로젝트 자료 작성	4 다음 달 중	5 하루 이틀로 끝나지 않는다
고객불만 처리	1 당장	1 30분 정도
영업 할당량 달성	2 다음 주 중	4 며칠 지나야 끝난다
선배가 부탁한 고객 방문기록 작성	3 다음다음 주 중	3 1시간 30분 정도
책상 정리	5 마감 없음	2 1시간 정도

◖ 수치를 바탕으로 〈점 그래프〉를 작성 ◗

Step 03

Step 04

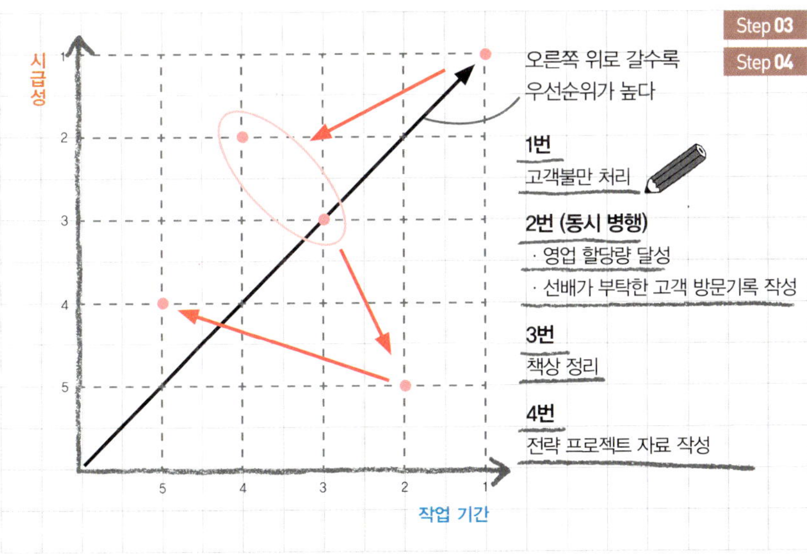

지표를 바꾸면 우선순위가 바뀐다

이번 사례에서는 각 작업에서 '마감 순서(시급성)'와 '작업하는 데 걸리는 시간(작업 기간)' 두 가지 지표로 우선순위를 정했다.

이때 '작업 기간'이 아니라 '중요성'과 '시급성' 두 가지를 지표로 삼을 수도 있다. 이때는 중요도의 기준에 따라서 순위가 바뀐다.

도표 그리기 기술은 정답을 찾기 위한 것이 아니라 두뇌 회전을 효율적이고 효과적으로 하기 위한 도구다. 따라서 도표의 특성을 파악하고 사용해야 한다.

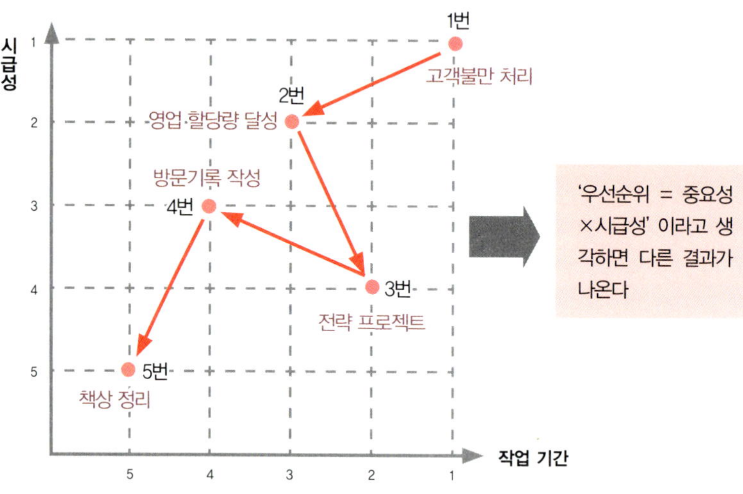

• **위 도표는 중요성을 다음과 같은 순서로 생각했다**

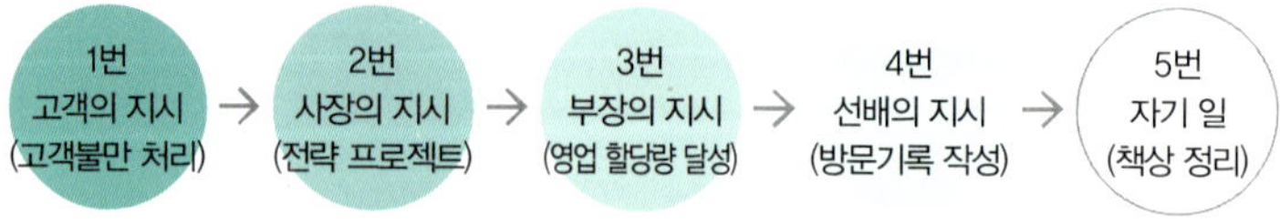

10. 인과관계를 따라 거슬러가기 〈플로 도표〉

짧은 시간에
새로운 기획을 하는 방법

- 마감이 급할 때는 도표를 그려 전체적인 흐름을 되짚어보자!
- 어떤 항목에 초점을 맞추는가?

 **Question**

원동기 씨는 오토바이 제조회사에서 근무한다. 그런데 최근 몇 년 동안 회사의 스쿠터 판매 대수가 제자리걸음이다. 새 모델을 출시했는데도 판매량이 별로 늘지 않았다. 회사에서는 판매 부진을 만회할 새로운 모델을 준비하고 있다. 그 기획 회의가 바로 내일로 닥쳤지만 타개책이 될 아이디어는 전혀 떠오르지 않는다. 새로운 기획안을 만들려면 어떤 도표가 좋을까?

생각 정리의 실마리

원동기 씨는 먼저, 최근 들어 매출이 제자리걸음인 이유를 조사했다.

- 국내외 경기가 침체되었다
- 건강과 환경에 대한 의식이 높아지면서 스쿠터 대신 자전거를 이용하는 중년 직장인들이 늘어났다는 사실을 알았다
- 일반 자전거보다 체력 소모가 적은 전동 자전거 종류가 늘어났다

• 〈플로 도표〉로 정확한 원인을 찾고 기획으로 연결한다

이 사례에서는 경기 침체를 비롯해 건강과 환경에 대한 의식 향상 때문에 직장인의 자전거 이용이 늘어난 것이 스쿠터 매출에 영향을 미쳤다는 사실을 알 수 있다. 스쿠터 매출에 영향을 미치는 배경에는 '인과관계가 있으므로' 〈플로 도표〉가 적당하다.

오른쪽 〈플로 도표〉는 위 내용을 바탕으로 새로운 스쿠터 개발 기획에 연결할 수 있다.

〈플로 도표〉를 검토한 결과, 출퇴근할 때 타기 편한 중년 직장인용 스쿠터를 개발하는 것이 유리하다는 결론이 나왔다.

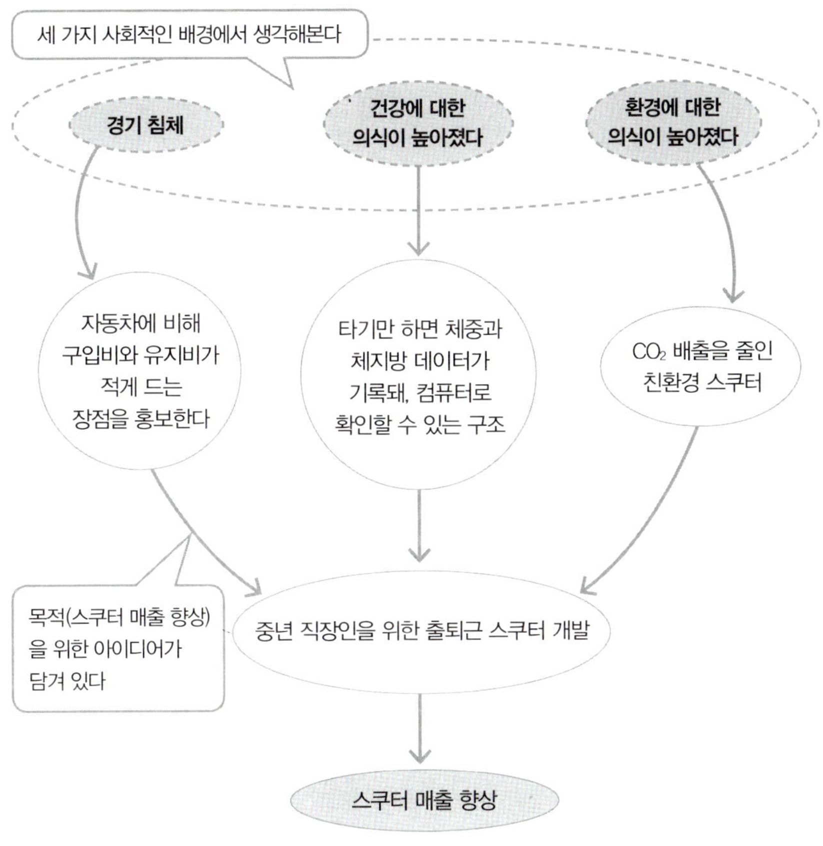

도표의 특징

〈플로 도표〉를 쓰면 인과관계를 파악하기 쉽고, 근본적인 원인을 찾아내어 대책을 세우는 데 알맞다

Step 01 **개별 항목으로 분해하기 – 경쟁 제품인 자전거에 초점을 맞춘다**

원동기 씨는 스쿠터 매출이 감소하는 이유로 자전거 판매 대수가 급증하는 점에 주목했다. 자전거에 고객을 빼앗길 가능성이 있기 때문이다.

스쿠터 매출을 늘리기 위해 '자전거 매출이 왜 늘어났는가'라는 '원인'에 초점을 두고 개별 항목으로 분해했다.

Step 02 **관계성 살피기 – 주요 원인과 종속 원인을 찾는다**

나열한 항목으로 관계성을 살펴보면 자전거 출퇴근자가 늘어난 것이 자전거 매출 증가의 가장 큰 원인으로 분석할 수 있다. 그리고 건강에 관심을 쏟는 중년 남성의 증가, 자전거의 경제성, 전거가 친환경적인 교통수단이라는 점은 그 종속 원인이다.

Step 03 **도표 그리기 – 인과관계가 있으므로 〈플로 도표〉를 쓴다**

개별 항목과 '인과관계'로 연결되기 때문에 〈플로 도표〉가 적당하다. 각 항목을 선으로 이으면 다음과 같은 도표가 된다. 결론적으로 **경제성(저렴함)**, **건강**, **환경** 등 세 가지 사회적 배경이 자전거 이용자 수를 늘리는 항목이 된다.

자전거 매출이 급증한 항목을 나열하고, 각 항목 간의 관계를 생각한다

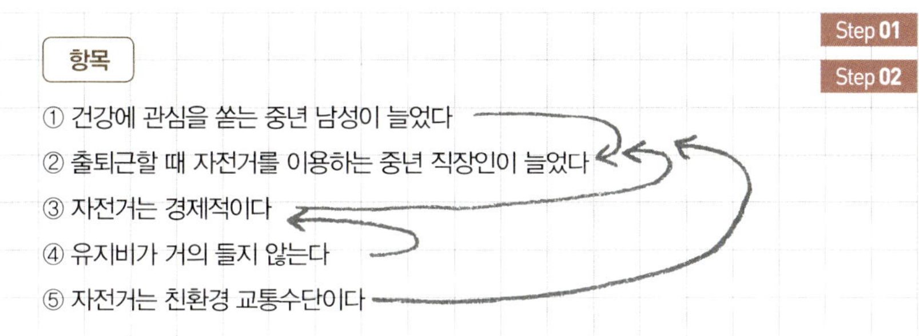
Step 01
Step 02
항목
① 건강에 관심을 쏟는 중년 남성이 늘었다
② 출퇴근할 때 자전거를 이용하는 중년 직장인이 늘었다
③ 자전거는 경제적이다
④ 유지비가 거의 들지 않는다
⑤ 자전거는 친환경 교통수단이다

주요 원인과 종속 원인을 연결해 〈플로 도표〉를 작성한다

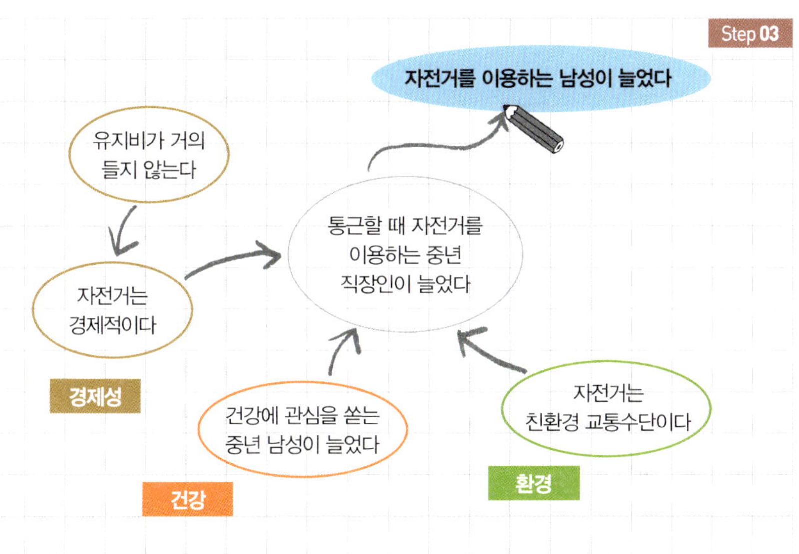
Step 03
자전거를 이용하는 남성이 늘었다
유지비가 거의
들지 않는다
통근할 때 자전거를
이용하는 중년
직장인이 늘었다
자전거는
경제적이다
경제성
건강에 관심을 쏟는
중년 남성이 늘었다
자전거는
친환경 교통수단이다
건강
환경

Step 04 **대책검토하기 – 원에서 기획을 세운다**

자전거 이용자가 급격히 늘어난 배경에는 최근의 '경기 침체', '건강에 대한 의식'과 '환경에 대한 의식' 향상 등이 있다.

출퇴근 시 자동차나 전철을 이용하던 중년 직장인 중 일부가 자전거로 출퇴근한다는 사실이 이를 뒷받침한다.

그러나 건강에 좋다고 해도 중년이 되면 체력이 떨어져서 아무래도 자전거로 출퇴근하는 것은 육체적으로 부담스럽다. 이 때문에 자전거를 타고 싶지만 어쩔 수 없이 자동차로 출퇴근하는 사람들도 분명 있을 것이다. 원동기 씨는 이런 잠재 고객을 잡는 것이 스쿠터 판매를 늘리는 데 유리하다고 판단했다. 시판되는 스쿠터보다 친환경적이고, 전동·내연 엔진을 함께 장착한 하이브리드 형으로 제작하고, 핸들 부분에서 체지방, 페달에서는 체중을 측정해 건강 데이터를 확인할 수 있도록 하는 등의 아이디어를 떠올렸다.

또 유지비가 저렴하고, 주차가 쉽다는 점을 내세워 전철을 이용하는 고객들의 욕구를 자극한다는 계획도 세웠다.

✏ 스쿠터 매출 부진의 원인을 〈플로 도표〉로 그린다 ✏

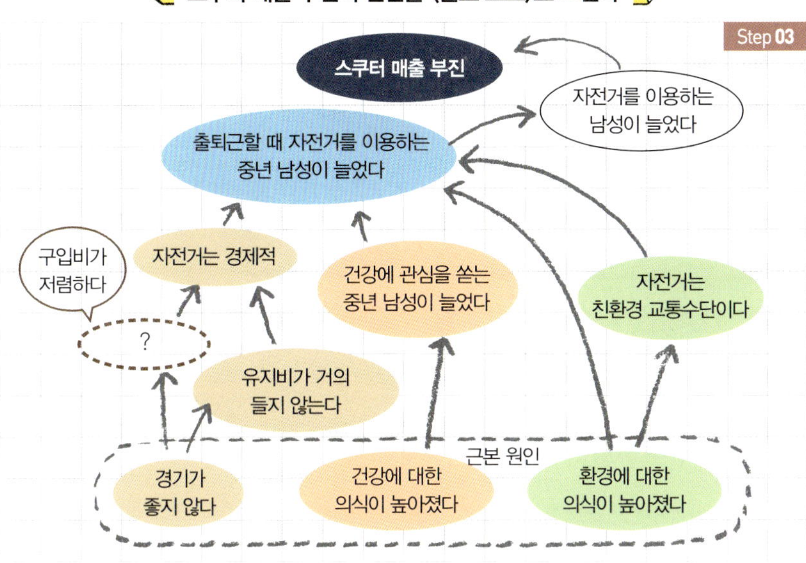

✏ 스쿠터 매출 증가를 위한 아이디어 ✏

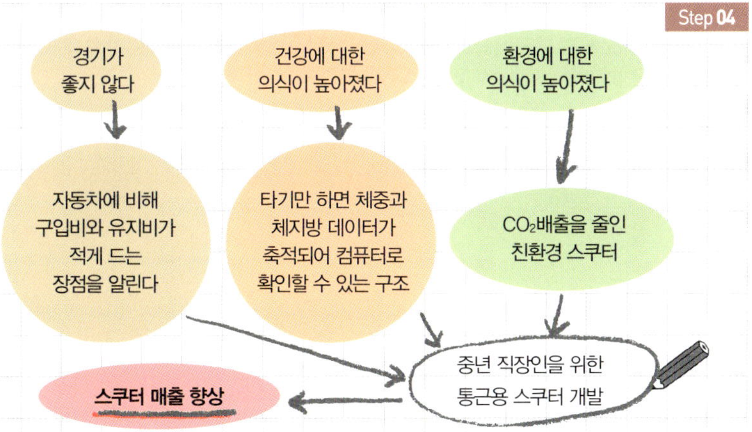

왜 자전거 매출을 예로 드는가?

이번 사례는 '스쿠터 매출 증가'가 핵심인데, 왜 자전거 매출이 증가한 원인을 항목으로 분석했을까?

원동기 씨는 스쿠터 매출이 부진한 원인을 자전거 이용자가 늘어났기 때문이라고 판단했다.

이처럼 원인이 하나만 떠오르거나 하나밖에 없다는 사실이 명백하다면, 그 원인 속에 있는 세부적인 항목을 낱낱이 분석해 보는 것이 효과적이다.

다시 말해 '문제', '원인', '영향' 중에서 가장 복잡한 항목을 분석하는 것이 핵심이다.

• 항목을 골라낼 때 눈여겨 볼 것

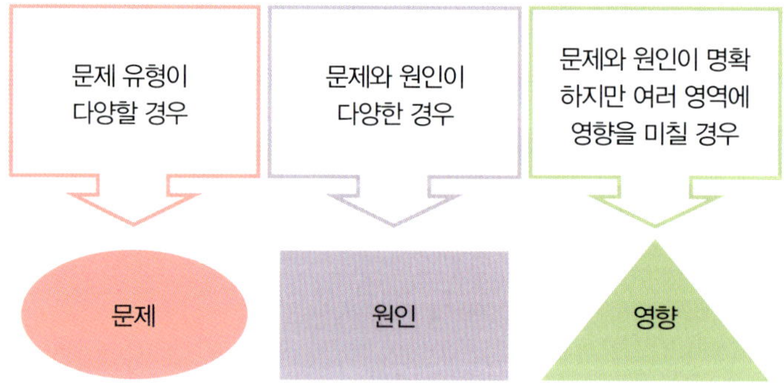

한 단계 높은 수준의 연습 문제

이 장에서는 '상황파악 도식'과 '대책검토 도식'을 조합한 응용 문제에 도전한다. 사용하는 도표는 마찬가지로 다섯 가지 중에서 고르자. 단계를 밟아 도표를 그리는 것이 핵심이다.

이 장의 핵심

- 머릿속에 떠오르는 내용을 대략적으로 도표화할 때는 '확산적 사고(Divergent Thinking)'를 하는 것이 좋다.
- '확산적 사고'는 자유롭고 편안하게 생각나는 대로 쓰는 방법으로, 내용의 질보다 양을 중시하는 사고 방법이다.
- 도표를 정밀하게 조사하고, 완성할 때는 '집중적 사고(Convergent Thinking)'가 좋다.
- '집중적 사고'는 자신이 비평가라는 생각으로 꼼꼼히 표를 살피는 방법으로, 정보의 양보다 질을 중시한다.
- 업무 현장에서 복잡한 문제에 부딪혔을 때 '상황파악 도식'과 '대책검토 도식'을 조합하면 머릿속을 정리하면 쉽게 해결책을 찾을 수 있다.

복잡한 문제는 '상황파악'과 '대책검토'를 조합해서 해결한다

· 까다로운 문제를 해결하려면 두 방법을 조합해,
'상황파악'에서 '대책검토' 순으로 진행하는 것이 좋다.

'확산적 사고'와 '집중적 사고'를 나누어 쓴다

앞에서는 열 가지 Case Study를 통해 '상황파악 도식'과 '대책검토 도식'을 만드는 방법을 살펴보았다.

어느 사례든 우선 머릿속의 정보를 가지고, 종이에 그 특징을 바탕으로 대략적인 도표를 그려낸다.

이 단계에서는 세세한 부분까지 신경 쓸 필요 없이 생각나는 대로 쓰는 것이 요령이다. 이는 1장에서 말한 창조적 사고를 이끌어내기 위해서다.

따라서 이 과정은 주로 '확산적 사고'를 이용한다.

확산적 사고란 순간적으로 떠오른 생각이나 아이디어를 무조건 많이 써내는 것으로 '질'보다 '양'을 중시한다. 또한 '부정', '거절', '비판'을 피하고, '긍정'이나 '수용'을 중심으로 작업을 진행한다.

반면 도표를 정밀하게 작성하는 단계에서는 합리적인 사고를 이끌어내는 것이 중요하므로 주로 '집중적 사고'를 이용한다.

집중적 사고란 적절한 표현을 사용해 정확한 도표를 만들어야 하므로 '양'보다 '질'에 초점을 맞춘다. 자신이 그린 도표를 '비판적', '비평적'으로 살펴보고 완성도를 높이는 데 중점을 둔다.

다시 말해, 생각을 정리하는 도표를 그릴 때에는 '확산적 사고'와 '집중적 사고'를 나누어 쓰는 것이 중요하다.

'상황파악'을 한 다음 '대책검토'를 진행한다

2장과 3장에서는 업무상 부딪히기 쉬운 상황을 소재로 도표를 작성하는 방법을 소개했다. 방법을 익히는 게 목적이었기 때문에 도표를 쓰지 않아도 해결할 수 있는 쉬운 사례도 있었다.

사실 비즈니스 현장에서 훨씬 까다롭고 복잡한 문제를 겪을 때가 많다. 그럴 때는 '상황파악 도식'과 '대책검토 도식'을 조합해서 함께 쓰는 것이 효과적이다.

이때는 직면한 상황을 객관적으로 파악하는 과정과 문제 해결을 위한 대책을 검토하는 과정을 의식적으로 분리해 생각하는 것이 중요하다.

누구나 어려운 문제가 발생하면 대책부터 세우려 한다. 하지만 대책을 서두르면 표면적인 문제는 해결할 수 있겠지만 근본적으로 해결하지 못해 오히려 문제를 더 복잡하고 어렵게 만든다.

우선 '상황파악'에 집중한 다음에 '대책검토'의 단계로 넘어가자.

어려운 문제일 때는 '상황파악'에서 '대책검토' 순으로 그린다

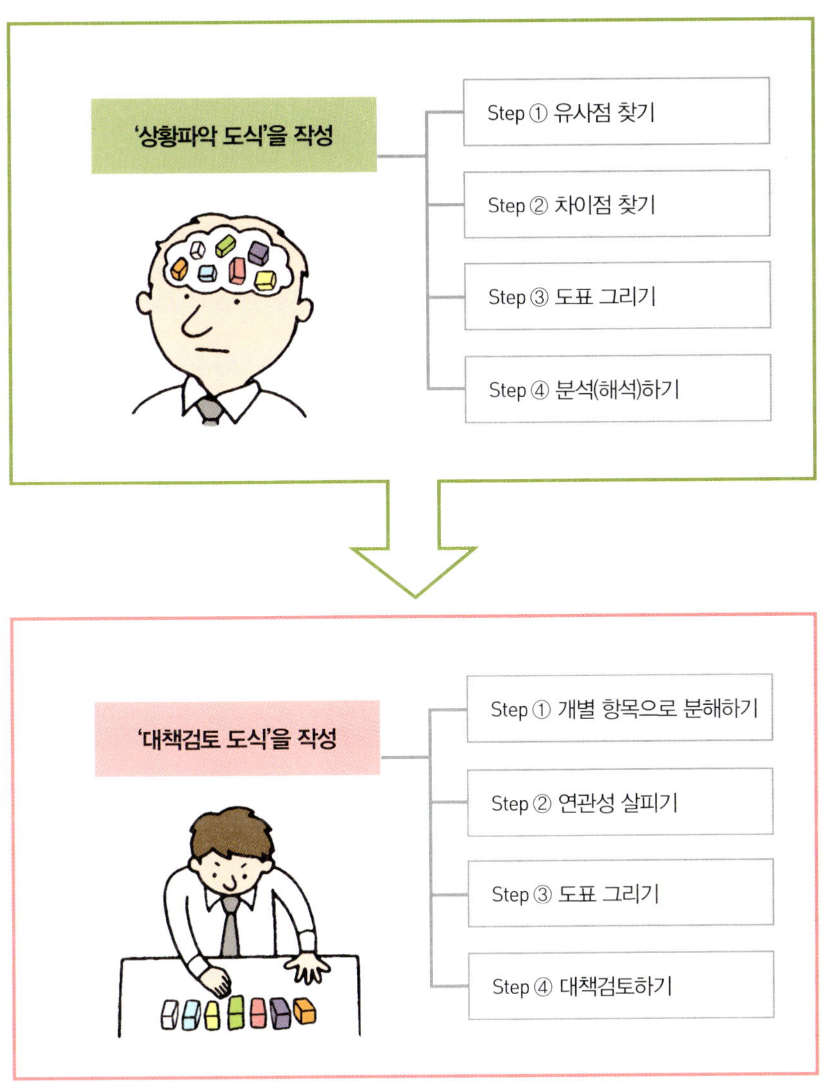
'상황파악 도식'을 작성
Step ① 유사점 찾기
Step ② 차이점 찾기
Step ③ 도표 그리기
Step ④ 분석(해석)하기
'대책검토 도식'을 작성
Step ① 개별 항목으로 분해하기
Step ② 연관성 살피기
Step ③ 도표 그리기
Step ④ 대책검토하기

경쟁사에 일을
빼앗길지도 모른다!

· 과거의 경험을 토대로 타사와 자사의 차이를 파악하고,
  '상황파악'에서 '대책검토' 순으로 도표를 작성한다.

 **Question**

박행사 씨는 이벤트 회사 K사에 근무한다. 하루는 매년 이벤트 업무를 주문하는 제조회사 U사에서 올해는 다른 회사에 주문하는 것을 고려하고 있다는 말을 들었다. 단골 거래처를 빼앗길 위기에 처한 박행사 씨. 어떤 도표를 써야 위기에서 벗어날 수 있을까?

도표 작성 시 기본 정보

타사는 K사보다 30% 정도 싼 가격을 제시했다. 게다가 이벤트 참가자에게 기념품 무상 증정, 이벤트 장과 가장 가까운 역을 오가는 셔틀버스를 무료로 제공하는 등의 부가 서비스를 제안했다고 한다.

박행사 씨도 일반적인 비용보다 저렴한 이벤트를 해본 적은 있다. 공익 단체

가 운영하는 시설을 이벤트 장소로 사용하거나 과거에 썼던 운영 계획과 대본을 거의 그대로 사용하고, 홈페이지나 이메일 등 인터넷을 활용해서 광고비를 절약한 사례였다.

이번 U사의 이벤트는 신제품 발표회다. K사는 그간 U사의 이벤트를 전담해 온 만큼 해당 분야의 저명인사들과 인맥이 두텁다. 그래서 이벤트 프로그램 중 하나인 토론회에서 그 사람들을 적극적으로 섭외할 계획을 세웠다.

U사는 중국 시장 진출에 힘을 쏟고 있어 K사는 외국에서 오는 참가자를 위해 예년과 마찬가지로 실력이 좋은 동시 통역사를 배치할 예정이다.

장소는 U사가 지정하는 시설을 사용하기로 했고, 참가자 모집에 필요한 포스터와 전단지도 작성하기로 했다.

신제품 프로모션이므로 이 이벤트를 통해 제품의 인지도를 높이고 많은 사람이 구입하도록 하는 것이 목적이다. 따라서 매체에서 이 행사를 크게 다룰수록 효과적이다.

도표 작성 팁

'상황파악 도식'에서는 '무엇을 파악할 것인가'가 핵심이다. 고객이 타사로 바꾸려는 이유는 명확하므로 이유를 밝히는 데는 도표를 그릴 필요가 없다. 반면 '대책검토 도식'에서는 고객이 원하는 사항을 정리하는 것이 핵심이다.

Step 01 유사점 찾기 – 과거 사례를 든다

U사 담당자가 '타사에 주문하고 싶다'라고 생각하는 이유는 K사의 경쟁사가 '기념품 등의 부가 서비스를 제공하고, 가격까지 30%나 싸기' 때문이다.

다음으로 살펴볼 문제는 경쟁사가 K사보다 좋은 조건을 고객에게 제시할 수 있는 이유다. 따라서 이 부분을 '상황파악 도식'으로 그려 찾아보기로 했다.

간단히 말해 이 사례에서 유사점 찾기의 핵심은 '싼 가격의 비밀'이다. 따라서 박행사 씨는 예산을 절감할 수 있었던 이벤트 업무 사례를 아는 대로 써 보았다.

◀ 예산을 절감할 수 있었던 이벤트 사례를 나열한다 ▶

사례 ① 공익 단체가 운영하는 시설을 이벤트 장소로 사용했다

사례 ② 유사한 이벤트를 기획하고 운영한 경험이 있어서 과거의 운영 계획이나 진행 대본을 거의 그대로 활용할 수 있다

사례 ③ 참가자를 모을 때 홈페이지나 이메일 등 인터넷을 활용해, 광고에 드는 인쇄비가 들지 않았다

Step 02 차이점 찾기 – 과거 사례에서 싸게 할 수 있었던 비용 항목을 찾는다

사례 ①은 공익 단체가 소유한 시설을 사용해 대여 비용을 줄일 수 있었다. 그러나 이번에는 거래처가 지정한 장소이므로 경쟁사와 비용이 같다.

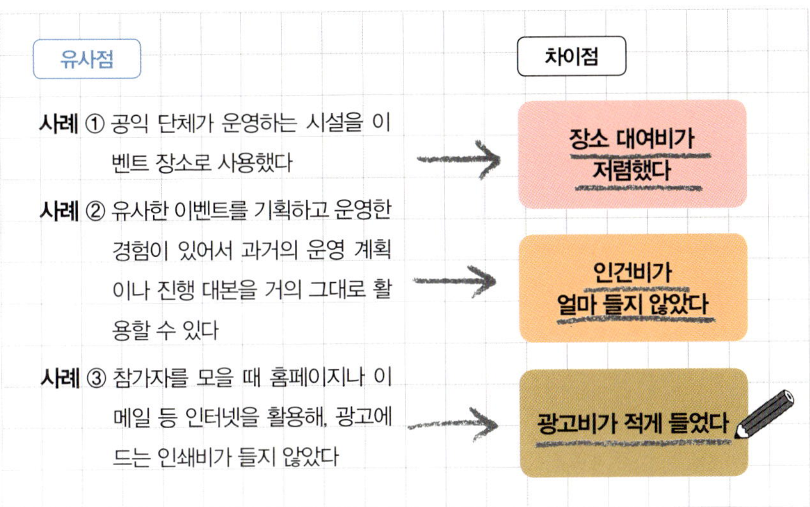

사례 ②에서는 과거에 유사한 이벤트를 기획하고 운영한 경험이 있어서 과거의 운영 계획이나 진행 대본을 거의 그대로 활용할 수 있었다. 덕분에 인건비를 많이 줄였는데 타사는 이벤트가 처음이라 이 비용을 줄이기는 어렵다. 이미 노하우를 축적한 K사가 유리하다.

사례 ③에서는 참가자 모집에 인터넷을 활용해서 비용을 줄였다. 그러나 이번에는 타사도 똑같이 포스터와 전단지 인쇄를 계획하고 있어서 이 부분에서 비용을 크게 줄이기는 어렵다. 이렇게 보면 '차이점'으로는 '장소 대여비', '인건비', '광고비' 세 가지 항목을 들 수 있다.

 도표 그리기 – 〈트리 도표〉로 항목을 정리한다

'인과관계가 없고', '중복되지 않으며', '세 항목 이상'이므로 〈트리 도표〉가 적당하다.

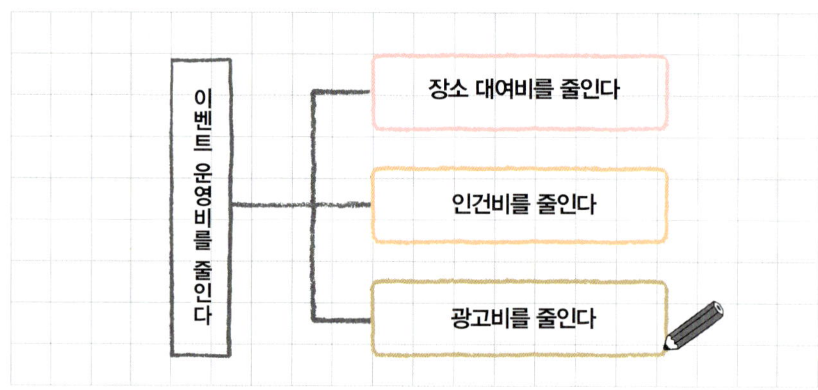

 분석하기 – 타사의 전략을 예상한다

도표에 들어갈 항목은 '이벤트 기획과 운영에 필요한 비용 목록'이라는 사실을 깨달았다.

그래서 이번 이벤트에서 비용이 드는 항목을 모두 〈트리 도표〉에 추가해 타사가 비용을 줄일 가능성이 있는 것이 없는지 확인했다.

그 결과, 전체 비용을 줄이기 위해서 타사는 '통역사 비용'과 '토론회 패널 사례금'을 줄이는 방법을 썼을 가능성이 있다(오른쪽 예시 답안 참고).

상황파악 도식	
유사점 찾기의 핵심	타사가 K사보다 좋은 조건을 제시할 수 있는 이유를 찾기 위해 예산을 절감했던 이전 이벤트 사례를 '유사점'으로 한다
차이점 찾기의 핵심	예산을 절감할 수 있었던 이유를 찾는다

〈도표〉 **타사의 전략으로 예상할 수 있는 것**

이벤트 기획 · 운영비가 K사보다 저렴하다

- 장소 대여비를 줄인다 — ✕ 장소는 U사가 지정하므로
- 인건비를 줄인다 — ✕ 효율적인 노하우가 없으므로
- 모집비를 줄인다 — ✕ 포스터 등을 인쇄하므로
- 간판 제작 비용을 줄인다 — ✕ 얼마 안 들기 때문에 줄여도 의미 없음
- 통역사 비용을 줄인다 — ◯ 이들 비용을 줄여 총액을 줄이지 않았을까?
- 토론회 패널 사례비를 줄인다
- 기자재 대여비를 줄인다 — ✕ 얼마 안 들기 때문에 줄여도 의미 없음
- 기타 옵션을 더하지 않는다 — ✕ 반대로 셔틀버스나 증정품을 추가

분석	전체 비용을 줄이기 위해서 '통역사 비용을 줄이고', '토론회 패널 사례금을 줄이는' 방법을 취했을 가능성이 있다.

※ 답 외에 해설(파란 색 글자)도 기재

Step 01 개별 항목으로 분해하기 – 고객이 바라는 점을 예상한다

그렇다면 박행사 씨는 고객인 U사에 대해 어떻게 접근하면 좋을까?

이번 문제는 '바람직한 설득 방법'이다.

설득의 기본은 자신의 제안이 상대에게 도움이 된다는 사실을 알리는 것이다. 따라서 '개별 항목 분해'에서는 상대가 바라는 점을 쓰는 것이 좋다.

고객과 대화를 통해서 '비용이 저렴했으면 좋겠다'라는 것이 고객의 바람 중 하나라는 사실은 명백해졌다.

그 밖에는 이벤트 시 문제발생 방지, 참가자의 만족, 이벤트를 통한 신제품 인지도 상승, 가능하면 참가자가 새로운 이벤트를 긍정적으로 검토, 언론 매체의 대대적인 취재 등을 떠올릴 수 있다.

◀ 고객이 바라는 점을 예상해 나열한다 ▶

- 비용을 줄이고 싶다
- 문제가 일어나지 않길 바란다
- 참가자가 만족하길 바란다
- 신제품의 인지도가 높아지길 바란다
- 참가자가 신제품 구입을 긍정적으로 생각하길 바란다
- 언론 매체에서 대대적으로 다루기를 바란다

 연관성 살피기 – 고객의 바람을 그룹화한다

문제가 발생하면 쓸데없는 지출도 예상되므로 문제발생 방지는 이벤트의 '**광고 효과**'뿐 아니라 '**저렴한 비용**'과도 관계가 있다. 또한 신제품의 인지도 향상은 '**광고 효과**'뿐 아니라 '**매출 상승**'에도 기여한다. 분해한 항목은 아래와 같이 세 가지 그룹으로 나눌 수 있다.

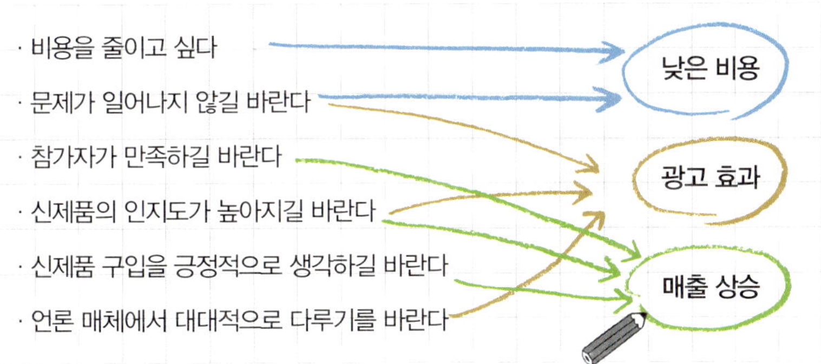

Step 03 **도표 그리기 – 〈벤다이어그램〉으로 정리한다**

이렇게 볼때 이들 항목은 '인과관계가 없고', '중복되고' 있으므로 〈벤다이어그램〉이 적당하다.

Step 04 **대책검토하기 – 자사의 핵심적인 강점을 검토한다**

비용 면에서 경쟁사에 비해 K사가 승산이 없으므로 '광고 효과', '매출 상승' 두 항목을 강조한다.

U사의 담당자를 설득할 때 통역사의 수준이 높아야 외국에서 온 참가자의 만족도가 높아진다고 강조하고, 지명도 높은 강연자나 패널리스트를 초대하면 참가자도 크게 관심을 갖고, 언론 매체에서도 좋은 반응을 얻을 것이라고 강조했다.

이에 따라 K사는 저명한 강연자와 패널리스트를 섭외하고 수준 높은 통역사를 배치할 예정이라는 사실, 타사는 지출을 낮추기 위해 지명도 낮은 강연자, 수준 낮은 통역사를 기용할 가능성이 있다고 귀띔했다. 덧붙여 그런 경우에는 이벤트 진행 중에 문제가 발생할 위험도 있고, **오히려 비용이 더 들지도 모른다고** U사의 담당자에게 이야기했다.

◀ **설득 시 강조 부분** ▶

- 동시통역이 필요한 이벤트일 경우 통역이 서투르면 참가자의 만족도가 현저하게 떨어진다
- 강연자, 패널리스트, 통역사가 실력이 떨어지면 문제가 일어나고, 이를 해결하는 데 추가적인 비용이 발생할 위험이 있다
- 증정품이나 셔틀버스 등 부가적 서비스에 예산을 들이기보다, 이벤트의 질을 높이는 데 예산을 할당해야 한다

대책검토 도식	
항목 찾기의 핵심	이벤트에 대한 고객의 기대나 욕구를 항목으로 한다
연관성 찾기의 핵심	항목의 '효과'에 초점을 맞춰 그룹화한다

〈도표〉

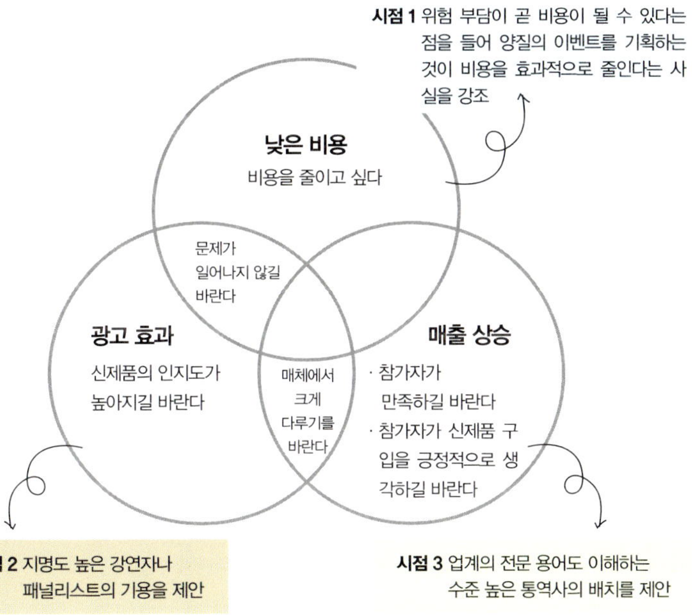

분석	타사는 부가 서비스 비용을 마련하기 위해 지명도 낮은 강연자, 수준 낮은 통역사에게 의뢰했을 가능성이 있다. 이벤트 진행 중에 문제가 발생할 위험이 있고, 그 경우 오히려 비용이 더 든다는 점을 고객에게 알린다. K사는 지명도 높은 강연자를 기용하고 수준 높은 통역사를 배치할 예정이라는 사실을 강조한다.

※ 답 외에 해설(색깔 박스 부분)도 기재

12. 〈플로 도표+ 점 그래프〉

반값으로 상품을 제조해줄 회사를 찾으려면?

- 어떤 제품일 경우에 일을 맡는가?
- 업계 상황을 파악해 가장 알맞은 거래처를 고르는 방법을 찾는다.

Question

유통 업체 J사에 근무하는 김근면 씨는 회사의 자사 브랜드 상품이 될 캔 커피를 제조해줄 회사를 찾아야 한다.

경쟁사에서 저가의 캔 커피를 내세워 시장 공략에 나섰기 때문이다. 골치 아픈 점은 사장의 지시였다. 캔 커피 판매 가격을 평균가의 반값으로 책정할 테니 파격적인 제조비로 생산해줄 제조회사를 찾으라고 한 것이다.

이를 해결하려면 어떤 방법이 있을지 도표를 그려서 생각해보자.

도표 작성 시 기본 정보

최근 캔 커피에 관한 시장 상황은 다음과 같다.

- 캔 커피 종류가 급속하게 늘어났다
- 캔 커피 시장에 뛰어든 기업이 많아졌다

- 페트병 모양의 커피가 인기를 끌기 시작했다

- 입구가 넓은 병에 든 커피가 나오기 시작했다

- 예전부터 판매되던 일반적인 캔 커피는 더 이상 개발하지 않는다

또한 각 제조회사의 특징을 나타내는 사항으로는 용기 타입별 제조 라인(일반적인 캔 커피, 페트병 커피, 입구가 큰 병 커피 등)의 유무, 제조 라인 가동률, 상품의 특성, 판매망의 특성(전국 판매, 특정 지역 한정 등) 등이 있다.

도표 작성 팁

김근면 씨는 제조회사에 비용을 대폭 낮추도록 요구해야 하는 어려운 상황에 처해 있다.

유사점을 찾을 때 다음 두 가지를 고려해야 한다.

첫째, '저가 커피가 나오기 시작했다'라는 현재 상황을 정확하게 파악한다. 둘째, 특히 거래할 상대인 제조회사가 현재 어떤 상황에 처해 있는지 생각한다.

이제 수많은 제조회사 중에서 어떤 회사에 맡기는 것이 바람직한지 결정하는 '최적의 제조회사 선정'이 남았다.

여기서 '최적'이라는 말을 좀 더 구체화할 필요가 있다. 제조를 맡길 회사의 장점과 단점을 파악하는 것이 핵심이다.

제조회사가 보유한 설비를 효율적으로 활용할 수 있다면 장점이지만, J사의 제품을 생산하면서 자사 제품 판매에 악영향을 끼친다면 단점이다. 장점과 단점을 고려하면 기업의 특징이 뚜렷해질 것이다.

Step 01 유사점 찾기 – 캔 커피의 시장 상황을 나열

유사점 찾기의 핵심은 캔 커피를 둘러싼 시장 상황을 나열하는 것이다. 종류의 급증과 인기 상품류 등 다섯 가지 항목이 떠올랐다.

Step 02 차이점 찾기 – 연관성을 살펴본다

자세히 살펴보면, '유사점' 사이에는 '인과관계가 있다'라는 점을 알 수 있다.

◀ 캔 커피를 둘러싼 시장 상황 ▶

Step 03 도표 그리기 – 〈플로 도표〉로 항목을 연결한다

'유사점' 사이에는 '인과관계가 있으므로' 〈플로 도표〉가 적당하다. 이때 나열한 항목을 바탕으로 〈플로 도표〉를 그리면 자칫 인과관계가 논리적이지 못하고 비약이 생길수도 있다. 나열한 항목이 음료 제조회사의 현재 상황에 어떤 영향을 미치는지 파악하기 어렵다.

 분석하기 – 업계에 미칠 영향을 예상한다

비약이 있는 부분은 항목을 추가하고, 각 항목이 제조회사에 끼친 영향은 도표로 나타낸다.

〈플로 도표〉를 그리고 비약이 있는 부분을 보충한다

예시 답안

<table>
<tr><th colspan="2">상황파악 도식</th></tr>
<tr><td>유사점 찾기의 핵심</td><td>캔 커피를 둘러싼 시장 상황을 나열한다</td></tr>
<tr><td>차이점 찾기의 핵심</td><td>항목 간의 인과관계에 주의한다</td></tr>
<tr><td colspan="2">〈도표〉
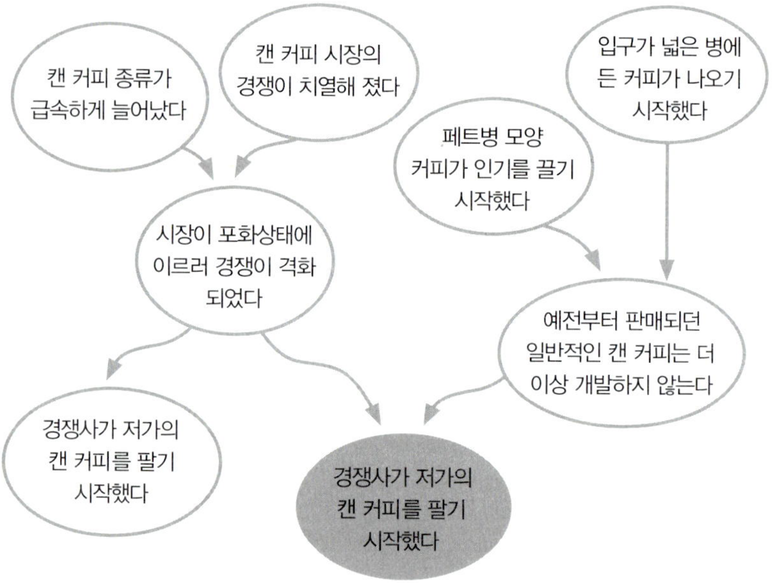
</td></tr>
<tr><td>분석</td><td>캔 커피 제조 라인을 보유한 제조회사 중에서 현재 가동을 중지한 상태의 설비를 활용하는 것이 좋다</td></tr>
</table>

Step 01 **개별 항목으로 분해하기 – 제조회사 고르기**

그렇다면 어느 회사와 거래하면 좋을까?

이번 과제는 '최적의 제조회사 고르기'다. 각 제조회사의 특징을 나열해보자.

Step 02 **연관성 살피기 – 두 가지 지표를 끌어낸다**

제조회사 조건은 '일반 캔 커피의 제조 라인이 많고', '현재 가동하지 않는 제조 라인이 많은 곳'이 필수다. 다시 말해 '가동하지 않는 일반 캔 커피 제조 라인이 많은 곳'으로 집약된다.

이를 '유휴도'라고 부르자. 제조회사는 잠들어 있는 설비를 가동해 수익을 얻을 수 있어 이득이고, K사 역시 원가를 절감할 수 있어 이득이다.

반면 단점은 K사의 상품을 제조할수록 제조회사는 K사 외 타사에 납품하는 상품이 팔리지 않을 가능성이 높아진다. 따라서 상품이 비슷하거나 점포가 가까우면 불리하다. 이를 '경합도'라고 하자.

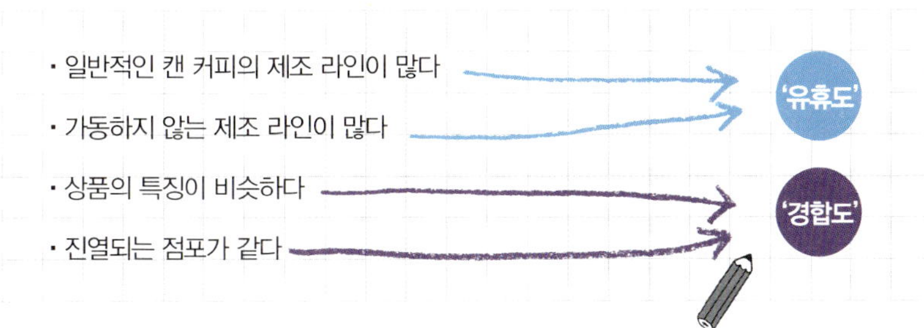

 도표 그리기 – 수치화해서 〈점 그래프〉로 나타낸다

두 가지 지표는 '수치화'할 수 있으므로 〈점 그래프〉가 적당하다. 제조회사 네 곳의 **'유휴도'**와 **'경합도'**를 산출해서 표와 〈점 그래프〉로 나타냈다.

◀ 각 제조회사의 유휴도와 경합도를 수치화한다 ▶

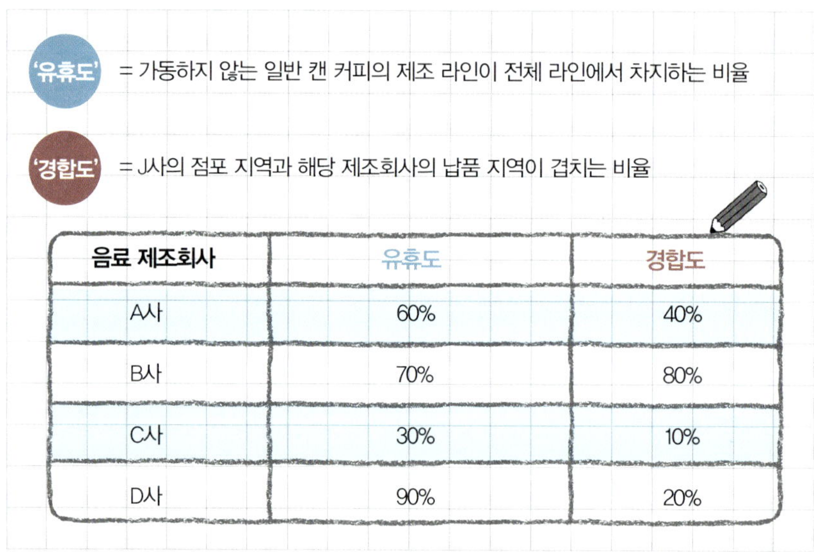

음료 제조회사	유휴도	경합도
A사	60%	40%
B사	70%	80%
C사	30%	10%
D사	90%	20%

 대책검토하기 – 최적의 제조회사를 고른다

그 결과 유휴도가 크고, 경합도가 낮은 D사에 제조를 맡기는 것이 가장 유리하다고 판단할 수 있었다.

대책검토 도식	
항목 찾기의 핵심	제조를 맡았을 때 장점이 많고, 단점이 적은(혹은 없는) 제조회사의 특징을 '항목'으로 한다
연관성 찾기의 핵심	객관적으로 분석하기 위해 '항목'를 지표화할 수 있는지 따져본다

분석	유휴도가 높고 경합도가 낮은 'D사'를 제조사로 선정하도록 노력하는 것이 좋다

적절한 도표를 만들기 위한 일문일답

| 문제 1 | 도식 방법의 선택

김성실 씨는 사내에서 특별 프로젝트의 멤버로 참여하고 싶었다. 공고가 나자마자 팀장인 이 부장에게 자기 뜻을 밝혔으나 거절당했다. 다음 중 김성실 씨가 작성하면 좋은 도식을 골라보자.

① 상황파악 도식

② 대책검토 도식

| 문제 2 | 유사점 찾기

고객은 박 대리에게 "당신의 제안이 나쁘지는 않지만, 비용이 너무 많이 드는군요."라고 말했다. 고객이 박 대리의 제안을 받아들이지 않는 상황을 정확하게 이해하기 위해서 '상황파악 도식'을 작성하려고 한다. 다음 중 '유사점 찾기'에 알맞은 것은 무엇인가?

① '비용이 비슷한 다른 프로젝트'를 찾는다

　　(같은 주제에서 유사점을 찾는다)

② '고객이 난색을 표했던 과거의 제안'을 찾는다

　　(같은 상황에서 유사점을 찾는다)

③ '고객이 박 대리의 제안에 난색을 표하는 다른 이유'를 찾는다

　　(같은 과제에서 유사점을 찾는다)

지금까지 읽은 내용을 잘 이해할 수 있는가? 자신의 상황에 맞는 도표를 자유자재로 만드는 능력을 기를 수 있게, 실수하기 쉬운 문제 여덟 가지를 준비했다. 하나씩 따라하면서 확실히 '자신의 것'으로 만들자.

| 해답 1 | ① **상황파악 도식**

해설 : 이 부장은 김성실 씨가 신규 프로젝트에 참여하는 것을 거절했다. 김성실 씨에게는 상사의 말을 받아들이는 것 외에 방법이 없고, 대책을 세울 방도가 없다. 그러므로 김성실 씨는 이 부장의 의도를 파악하고, 갈등을 해소할 방안을 찾아야 한다. 이런 상황에 적합한 것은 '상황파악 도식'이다.

| 해답 2 | ③ **'고객이 박 대리의 제안에 난색을 표하는 다른 이유'를 찾는다**

해설 : 지금 박 대리는 고객이 자신의 제안에 난색을 보인 이유와 배경을 정확하게 파악해야 효과적으로 논의할 수 있다. 따라서 '거절 이유와 비슷한 것을 찾기'가 정답이다.

 항목 분해

공장장 정 씨는 제품 불량률이 지난달에 비해 매우 증가했다는 사실을 알았다. 불량률이 증가하면 생산과 관련된 광범위한 부분에서 문제가 생긴다. 따라서 하루 빨리 대책을 세워야 한다.

'대책검토 도식'을 작성할 때 다음 중 무엇에 초점을 맞춰 항목을 작성하는 것이 적절할까?

① 불량품의 유형을 전부 나열한다

　('문제'를 항목으로 삼아 분석한다)

② 불량품이 늘어난 이유를 떠오르는 대로 상세하게 기술한다

　('원인'을 항목으로 삼아 분석한다)

③ 제품 불량률의 증가가 미친 영향을 써본다

　('영향'을 항목으로 삼아 분석한다)

| 문제 4 | 도표 종류의 선택 ① (상황파악 도식)

총무팀 김 과장은 업무량은 점점 늘어나는데 부서의 인원은 줄어들어 골머리를 앓고 있다. 이 문제의 핵심을 파악하기 위해서는 다섯 가지 종류의 도표(〈트리 도표〉, 〈벤 다이어그램〉, 〈매트릭스〉, 〈점 그래프〉, 〈플로 도표〉) 중 어떤 것을 쓰면 좋은가?

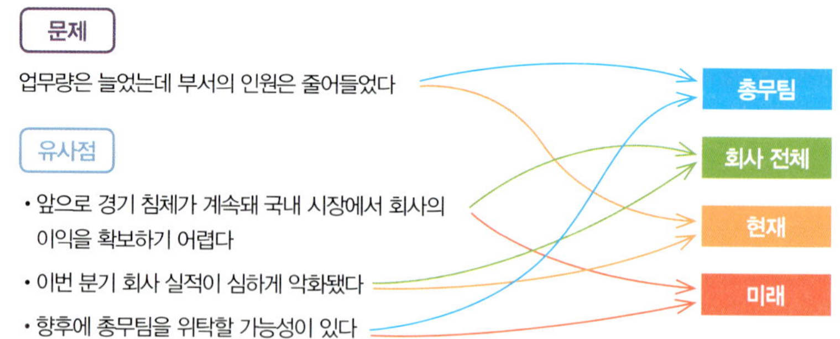

| 해답 3 | ③ 제품 불량률의 증가가 미친 영향을 써본다

해설 : '영향'을 나열하는 것이 적절하다. 보통은 문제를 근본적으로 해결하기 위해 제품 불량률이 증가한 '원인'을 파헤치지만, 이 경우에는 사태의 수습이 시급하기 때문에 우선 '영향'에 초점을 맞춰 대책을 세우는 편이 현실적이다. 그리고 나서 '원인'에 대해 대책을 검토하자.

| 해답 4 | 〈매트릭스〉

해설 : 문제와 유사점 사이에는 '인과관계가 없고', 뽑아낸 항목은 '중복되지 않는다'. 또한 '세 항목 이상이 아니고', '수치화 할 수 없으므로' 〈매트릭스〉가 적당하다.

		문제가 발생한 시기	
		현재	미래
문제 발생 장소	총무팀	업무량은 늘었는데 부서의 인원은 줄었다	향후에 총무팀을 위탁할 가능성이 있다
	회사 전체	이번 분기 회사 실적이 심하게 악화됐다	앞으로 경기 침체가 계속되어 국내 시장에서 회사의 이익을 확보하기 어렵다

현재 총무팀이 직면한 문제

일이 한꺼번에 많이 발생하면 허둥지둥하며 어쩔 줄을 모르는 신입사원 이딜링 씨. 그 이유를 찾아 개선하고 싶은데 해결책이 잘 떠오르지 않는다. 다섯 가지 종류의 도표 중 무엇을 쓰면 좋을까?

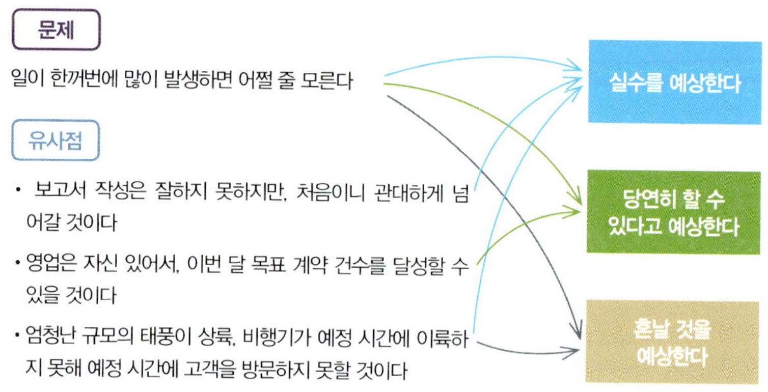

나소심 씨는 상사에게 보고를 잘하지 못해서 고민이다.

이 원인을 파악하고 문제를 해결하려면 다섯 가지 도표 중에서 무엇을 쓰는 것이 좋을까?

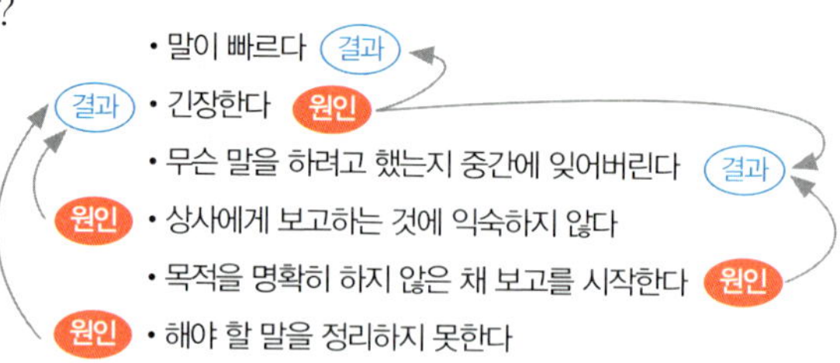

해설 : '실수한다'와 '혼난다'는 '인과관계'라고 볼 수 있으나 '당연히 할 수 있다'는 정반대라서 '인과관계'로 보기 어렵다. 그렇다면 각 개별 항목은 중복되었을까? '당연히 할 수 있는데 실수한다'와 '실수해서 혼난다'라고 보면 '중복된다'. 이 경우는 〈벤다이어그램〉이 적당하다.

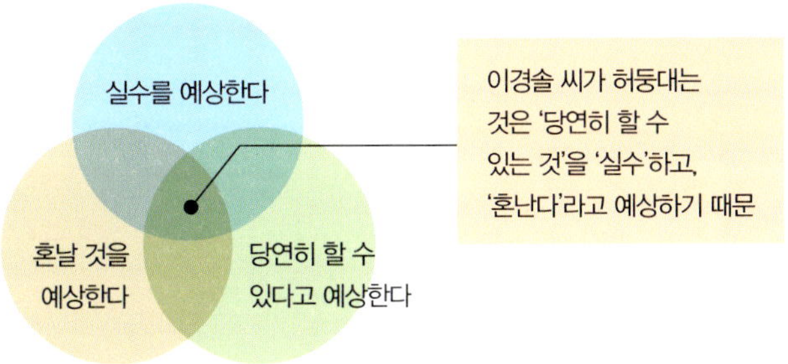

해설 : 항목 간 서로 '인과관계'가 있으므로 〈플로 도표〉가 적당하다.

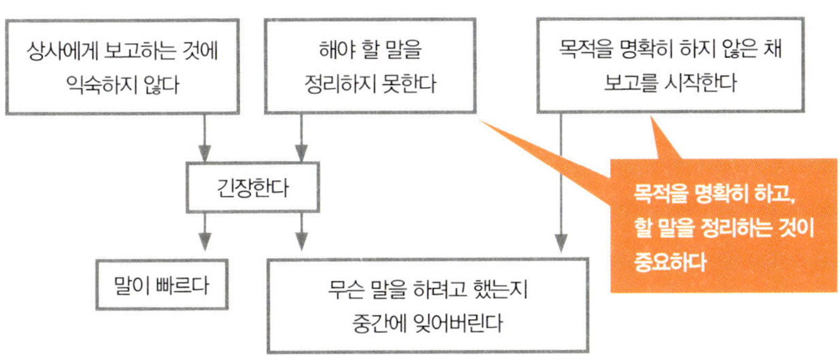

강필기 씨는 회의록에 중요한 내용을 빠트려 자주 혼이 난다. 그래서 강필기 씨는 회의록을 잘 쓰고 싶어 한다. 선배들이 작성한 회의록을 읽었더니 다음 내용이 포함된 것을 알 수 있었다. 강필기 씨의 문제를 해결하기 위해서는 다섯 가지 도표 중 어떤 것을 사용하면 좋을까?

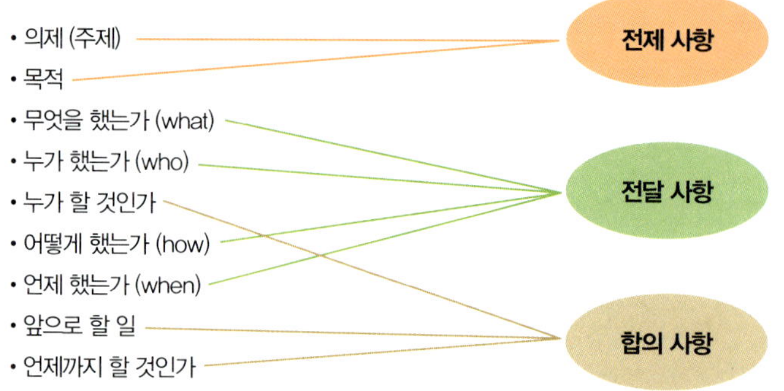

시청 아동복지과에 근무하는 오행복 씨는 육아 지원책에 관한 시민 설문조사를 실시했다. '가장 만족하는 정책'과 '가장 중요하다고 생각하는 정책'을 집계했더니 다음과 같은 결과를 얻었다. 앞으로 예산을 늘려 강화해야 할 정책을 정하려면 다섯 가지 도표 중 무엇이 적절한가?

	만족도	중요도
• 아동 수당	25%	60%
• 육아 핸드북	60%	40%
• 보육원	20%	80%
• 보육 서포터	80%	70%
• 아빠 교실	75%	20%

해설 : 항목끼리는 '인과관계'가 보이지 않는다. 공통 항목(전제 사항, 전달 사항, 합의 사항)은 '중복되지 않고', '세 항목 이상'이므로 〈트리 도표〉가 적당하다.

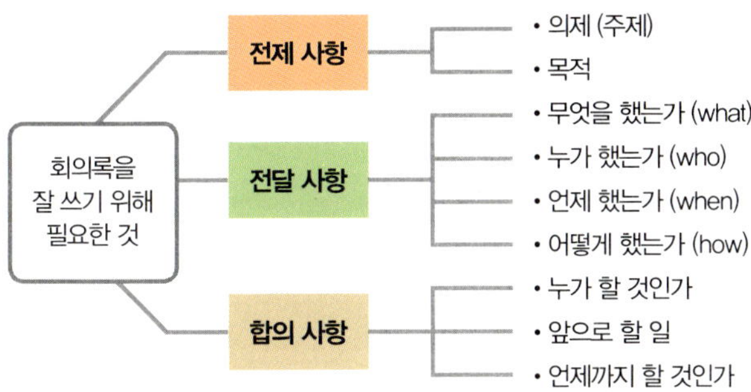

| 해답 8 | 〈점 그래프〉

해설 : 기준이 되는 지표('만족도', '중요도')에는 '인과관계'가 보이지 않는다. 지표는 '중복되지 않고', '세 항목 이상'이 아니며 '수치화'할 수 있다. 이런 경우, 〈점 그래프〉가 적당하다.

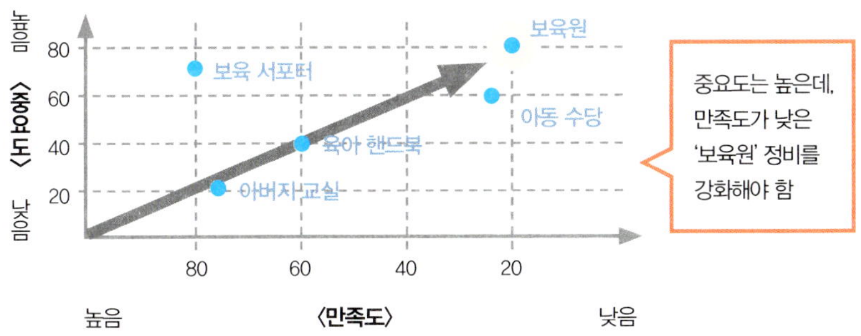

부하직원이 치명적인 제품 결함을
숨겼다는 사실을 알았을 때

 **Question**

자전거 판매 회사 사장인 당신은 올봄부터 발매를 시작한 신 모델, 접이식 자전거에 중대한 결함이 있다는 사실을 알았다.

결함은 브레이크 레버의 접합부가 약해서 상황에 따라 떨어지기도 한다는 것이다. 주행 중에 이런 사태가 일어나면 운전자가 매우 위험할 수도 있다.

이미 판매점에서 브레이크 레버 파손 보고가 몇 건 올라왔는데 무슨 이유에선지 책임자인 김 과장은 아무 말도 하지 않았다.

그러나 제품의 결함을 안 이상 당신은 신속한 대책을 세워야 한다. 계속 방치하면 회사에 심각한 타격을 줄 수 있기 때문이다. 어떻게 하는 것이 좋을까?

도표 작성 시 기본 정보

이전에도 김 과장은 당신에게 보고를 하지 않았다. 그 사항은 다음과 같다.

- 경쟁사가 판매를 시작한 신상품의 상세 정보를 입수하고서도 정보를 제공하지 않았다
- 자사 상품의 앞바퀴 쪽 바구니가 잘 부서진다는 고객불만을 여러 번 받고도 사실을 숨겼다
- 당신을 찾아오기로 한 고객이 10분 정도 늦는다고 연락한 것을 전달하지 않았다

또한 지금까지 당신이 손쓸 도리도 없이 당한 문제로는 다음과 같은 것이 있다.
- 핸들을 180도 회전하면 조명등이 페달에 닿아 부서지는 사례가 자주 일어났다
- 타사의 유사 상품과 비교해 가볍기는 하지만 강도가 낮아서 부서지기 쉽다는 불만이 있었다
- 판매원이 주문과 다른 상품을 대량으로 납품해 문제가 일어났다
- 결함이 있어 상품을 교환해주었는데, 그 상품도 결함 상품이어서 고객이 무척 화가 났다

한편, 브레이크 레버가 주행 중에 떨어진 원인으로 다음과 같은 사항을 생각할 수 있었다.
- 용접이 허술하다
- 생산 관리가 제대로 되지 않았다

- 검품이 제대로 되지 않았다

- 작업이 표준화되지 않았다

- 관리 체제가 허술하다

사실 브레이크 레버의 구조나 소재의 강도에는 아무런 문제가 없었다. 그러나 다른 문제점이 여럿 있었다.

일단 현지 공장의 직원에게 생산 공정을 표준화하기 위해 만든 작업 가이드라인이 전혀 지켜지지 않는다는 말을 들었다.

또 공장 직원뿐 아니라 당신의 직속 부하직원인 김 과장도 용접이 허술하고, 상품에 결함 가능성이 있다는 사실을 눈치 챘으면서, 아무 말도 하지 않았다.

공장 직원은 상사도 아무 말을 하지 않으니 먼저 사실을 말하기 어려웠고, 부하직원은 문제가 표면화되면 회사의 이미지에 흠집이 생기는 걸 두려워했다고 예상할 수 있었다.

도표 작성 팁

'유사점 찾기'의 핵심은 문제의 특성을 파악하는 것이다. '차이점 찾기'의 핵심은 문제가 발생하는 과정에 초점을 맞추는 것이다. 하나의 상품은 소비자의 손에 닿기까지 여러 과정을 거치기 때문에 그 원인도 다양하다.

'항목 분해'의 핵심은 문제가 발생한 원인을 가능한 한 자세히 찾아내 그 관계를 분석하는 데 있다.

◀ **답안 양식** ▶

상황파악 도식	
유사점 찾기의 핵심	
차이점 찾기의 핵심	
〈도표〉	
분석	

대책검토 도식	
항목 찾기의 핵심	
연관성 찾기의 핵심	
〈도표〉	
분석	

상황파악 도식

Step 01 유사점 찾기

유사점 찾기의 핵심은 문제의 특성을 파악하는 것이므로 이번 문제에서는 지금까지 머리에 떠오른 다른 문제들을 '유사점'으로 한다.

즉, '유사점'으로는 다음 ①~④ 네 가지를 들 수 있다.

> **문제**
>
> 브레이크 레버가 주행 중에 떨어질 위험이 있다
>
> **유사점**
>
> ① 핸들을 180도 회전하면 조명등이 페달과 접촉해 파손하는 사례가 자주 일어났다
> ② 타사의 유사 상품과 비교하면 가볍지만, 강도가 떨어져 부서지기 쉽다는 고객불만이 있었다
> ③ 판매원이 주문과 다른 상품을 대량으로 납품해 문제가 되었다
> ④ 결함 때문에 교환해준 상품 역시 결함이 있어서 고객이 매우 화가 났다

Step 02 차이점 찾기

'유사점'을 살펴보면 문제가 발생하는 시기에 차이가 있다는 사실을 알 수 있다. 이번 사례에서는 상품이 개발되고 나서 판매되기까지 기획 및 설계 단계, 제조 단계, 판매 단계 약 3단계의 프로세스로 나누어볼 수 있다.

 도표 그리기

위 시점으로 분류한 항목은 '인과관계가 없고', '중복되지 않으며', '세 항목 이
상'이므로 〈트리 도표〉가 적당하다.

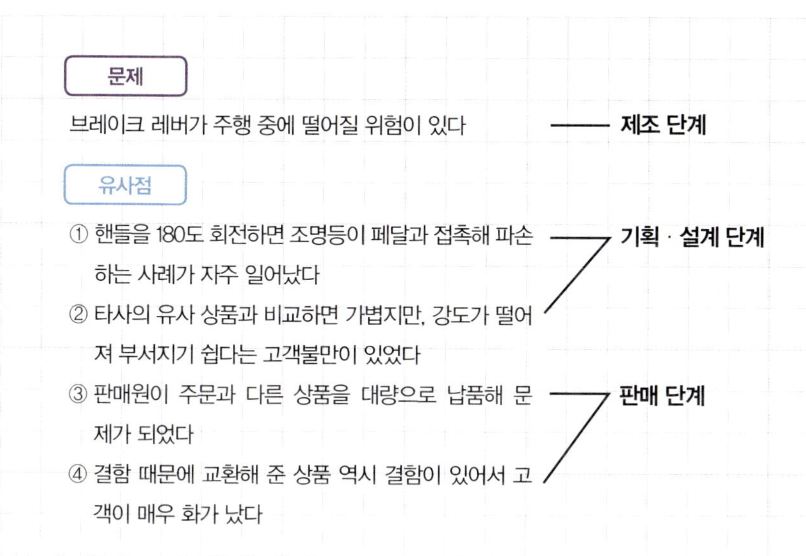

Step 04 **분석하기**

작성한 〈트리 도표〉를 살펴보면 이번 사례는 제조 단계에서 문제가 발생했
다는 사실을 알 수 있다. 제조를 담당한 공장에서 생산 관리나 제조 과정에서
발생한 문제를 본사에 제대로 전달하지 않았을 가능성이 있다.

따라서 주로 이 공장에서 발생하는 상황에 초점을 맞추어 원인을 찾는 것이
바람직하다는 결론에 도달했다.

◀ 예시 답안 ▶

상황파악 도식	
유사점 찾기의 핵심	문제의 특성을 파악하기 위해 다른 문제들의 사례를 찾는다
차이점 찾기의 핵심	상품이 개발되고 나서 판매되기까지의 과정을 약 3단계로 나눠서 문제의 원인을 살펴본다
〈도표〉	**기획 및 설계 단계** 핸들을 180도 회전하면 조명등이 페달에 닿아 부서지는 사례가 자주 있었다. — 유사점 타사의 유사 상품과 비교해 가볍기는 하지만 강도가 떨어져 쉽게 부서진다는 불만이 있었다 — 유사점 **판매 단계** 브레이크 레버가 주행 중에 떨어질 위험이 있다 — 문제 **분석** 판매원이 주문과 다른 상품을 대량으로 납품해 문제가 일어났다 — 유사점 고객이 결함 상품을 교환 요청했는데 그 상품도 결함이 있어서 무척 화가 났다 — 유사점 (전체: 이번에 일어난 문제와 과거의 문제)
분석	이번 문제는 제조 단계에서 일어났으므로, 공장에서 생산 관리나 제조 과정에서 발생한 문제를 본사에 제대로 알리지 않았을 가능성이 엿보인다

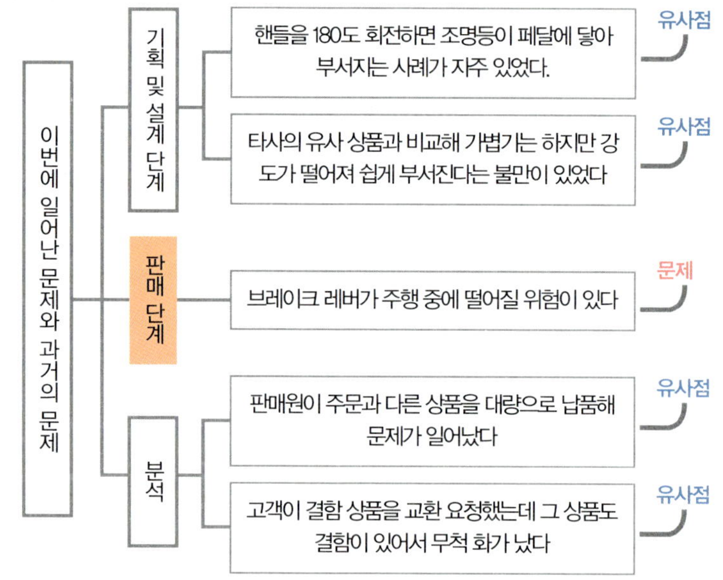

대책검토 도식

Step 01 개별 항목으로 나누기

문제는 당장 '브레이크 레버의 접합부가 약해서 떨어질 위험이 있다'라는 점이다. 제조 단계에서 원인을 조사하면 아래의 다섯 가지가 명백해진다.

Step 02 연관성 살피기

검품과 생산 관리가 철저하게 이루어지지 못하는 것은 공장의 관리 체제가 허술하기 때문이다. 작업이 표준화되지 않은 것도 관리하기 어려운 원인 중 하나로 보인다.

- 용접이 허술하다
- 생산 관리가 제대로 되지 않았다
- 검품이 제대로 되지 않았다
- 작업이 표준화되지 않았다
- 관리 체제가 허술하다

 도표 그리기

다른 항목 사이에도 '인과관계'가 있을 것으로 보이니 〈플로 도표〉로 그려

보자.

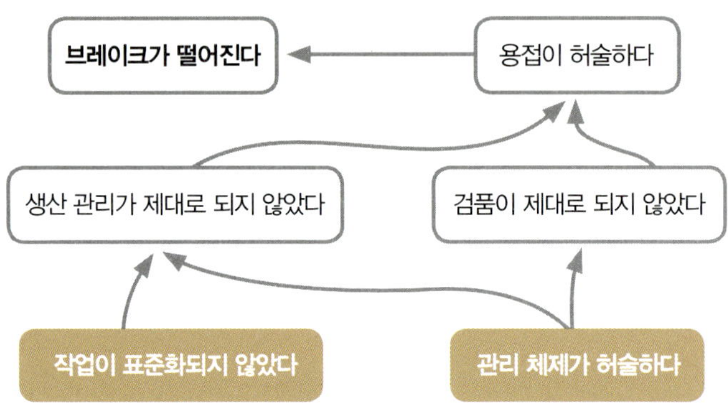

 대책검토하기

앞의 도표에 공장 직원이나 직속 부하직원에게 들은 내용을 항목으로 추가하

면 다음 도표와 같다.

즉, '관리 체제가 허술하다', '사실을 말하기 어려운 분위기였다', '문제를 드

러내면 회사의 이미지에 흠집이 생길까봐 두려워했다'라는 세 가지가 브레이

크 문제의 '진짜 원인'으로 보인다. 따라서 여기에 대한 대책만 세우면 된다

는 결론이 나온다.

구체적으로는 규정 위반 사항을 고발한 사원을 지켜주는 '내부 고발자 보호

제도'를 설치하고, 문제가 외부에 드러나도록 '사외 전문가'를 등용하며, 이

기회에 '타사보다 엄격한 규정'을 몇 가지 도입해 이를 소비자들에게 홍보하기로 했다.

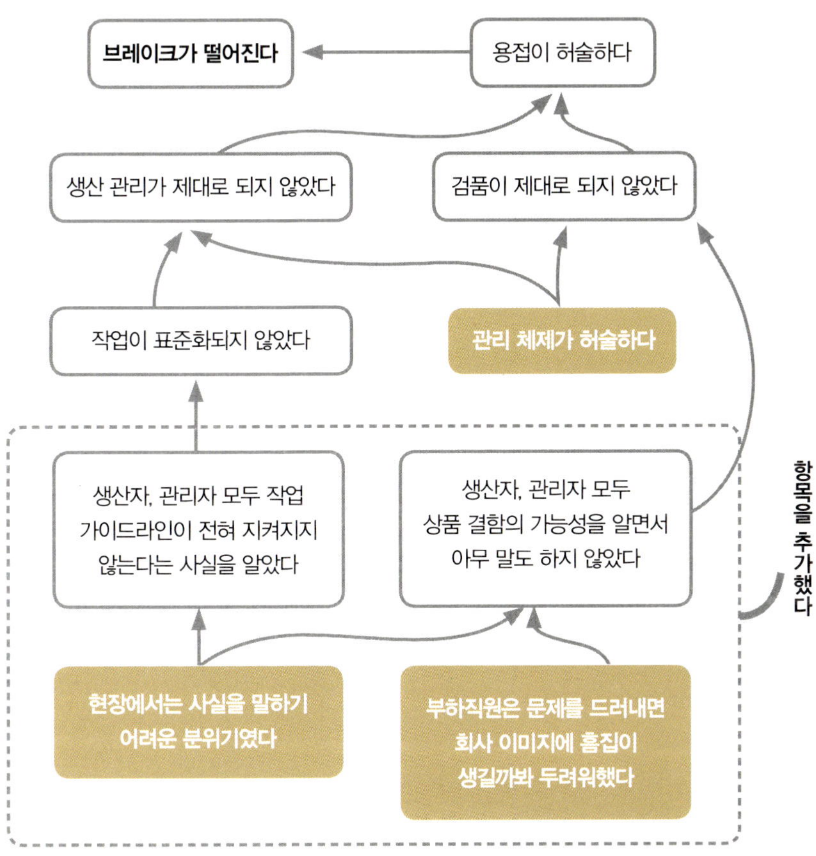

대책검토 도식	
항목 찾기의 핵심	적절한 대책을 세우기 위해 원인을 '항목'으로 삼았다
연관성 찾기의 핵심	항목끼리의 인과관계를 발견한다

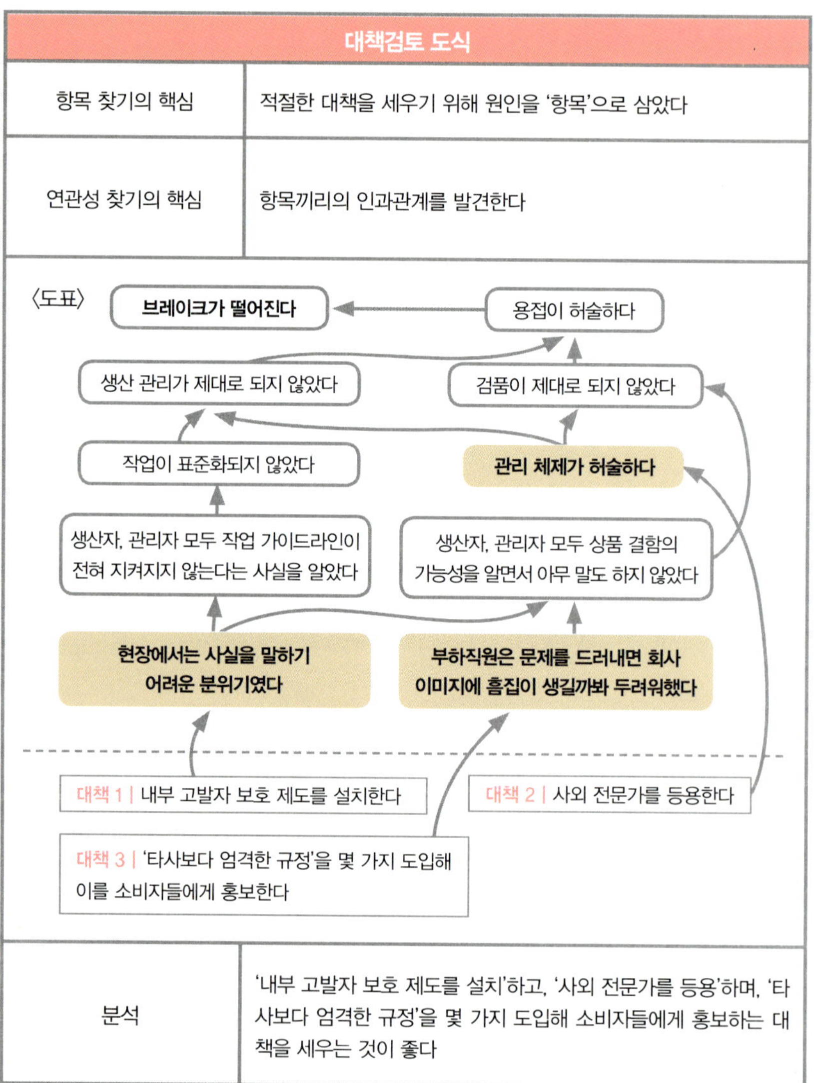

분석	'내부 고발자 보호 제도를 설치'하고, '사외 전문가를 등용'하며, '타사보다 엄격한 규정'을 몇 가지 도입해 소비자들에게 홍보하는 대책을 세우는 것이 좋다